山までの街

小林 昇
Kobayashi Noboru

八朔社

装幀・高須賀優

山までの街——目次

第一章　福島まで

1

白河駅から北は、車窓に見る道路を根雪が覆っていた。昭和十五年三月、東北新幹線などは想像にも及ばぬころである。はじめての福島市の家並みを眺めながら須川の鉄橋を渡って、駅の寒さのなかに降り、飯坂温泉行きの電車に乗り換えるとき、駅前の広場に、角巻《かくまき》に顎を埋めた中年の女性たちを見た。そのなかに、トラホームで目の赤い顔がいくつかあった。都会生活になじんでいた私はその印象を侘びしみながら、家並みの低い市街を北にのぼって高商前で下車した。高商は静謐《せいひつ》な小山の信夫山を背負っていて、その山の根、つまり高商の裏に、目ざす中村常次郎教授の家があるのだった。

約束の午後の時刻に、初対面となる中村教授はまだ帰宅していなかった。郷里の秋田市からの帰りが一列車遅れたのである。夫人は病気がちで、これも秋田の横手市の実家にしばらく帰っておられ、私は女中さんと大きい犬とに迎えられただけであった。そうしてコタツでは夕刻に増してくる寒さが防げず、躰《からだ》がガタガタ震えてきた。女中さんの見立てでは、若年の私は正客として遇すべき者には当たらなかったのであろう。

昭和十五年といえば、むろん、日米開戦の前年である。私は十四年に東京「帝国」大学の経済学部を出、東京海上火災保険になんとか職を得て、丸ノ内の本社に通勤していた。世田ヶ谷の借家に母親と二人暮らしであった。十代の終わりに、父親と、一人きりの兄弟だった兄とを、ひきつづいて病気で喪っていたのである。ただでさえ悩みの多い青春期の若者として、深刻化する十五年戦争の破局を予感しながら、一方では自分の人生の真のこころざしを模索していた私は、母を「養う」という義務感から、当時すでに古びが目立つ東京海上の旧ビルディングに毎日通いつめて、経理部貸金係という小さな持ち場で初歩の仕事を与えられながら、退屈疲れとでもいうものを蓄積していた。しかし私は、こころざしを失ったのではなくてそれを見つけられなかったのだから、元気の出しようがなかった。会社のなかでの付き合いの範囲も広くはならなかったし、それに何よりも、社内での地位の上昇過程のさまざまなケースを一つとして具体的にイメージすることができず、この点にいちばん、サラリーマンとしての失格を自覚せねばならなかった。

私は深く、世の中への自分の認識の甘さを感じていた。幼いといえるころから自分の部屋を与えられ、本を読み本を小遣いで買い揃えるのが唯一の楽しみで、詩や小説の世界に深入りしていた私は、早くから鷗外を、ついでスタンダールやドストエフスキーを耽読し、大学時代にはマルクス主義に関心を寄せながらもイデオロギーというものを文学の目ですでに疑っていた私は、「進歩的な」経済学にも身を入れずに終った。こうして高校での秀才が大学での凡才となったのである。だから私は、社会科学者として身を立てるための客観的条件が自分には備わっていないということを、平静に自覚していた。

それに、当時の東大経済学部は、時代が時代であったことから、左右両翼の教授たちの誹謗・闘争に明け暮れ、そのあげくには総長の平賀譲（この人はわが国の艦艇の設計に貢献したという工学者である）によって喧嘩両成敗というみっともない名目で、多くの教授たちが辞職させられるまでになった。私の属したゼミナールの指導教授は西洋経済史の本位田《ほんいでん》祥男だったが、この人の専門の学殖は尊敬に値するものではなかったし、他の多くの教授たちも、概していえばだが、似たようなものであった。こうした環境だったから、経済学者として身を立てるという意図を私は持てなかったし、また持ちようもなかったのである。

本位田教授についてはは忘れられない記憶がある。それを率直に書くことを、いまの私の齢に免じて許していただきたい。教授は東大を罷めてから、新設された繊維統制会の理事長や、ついで大政翼賛会経済政策部長にまでのしあがるが、身近で使える人手を必要としたため、東京海上にいる私への勧誘が何度もあった。私が福島行きを決めた直後には、それがじかに会っての誘いだったが、こちらが事情を打ちあけて最後の断わりをいうと、「君、それではバスに乗り遅れるよ」というご親切な忠告をもらったのであった。数年後、敗戦のあとにも教授は福島市に来る機会を持ち、そのとき私が出征中の体験を語ろうとすると、それを遮って、「戦争のことはぼくはもう忘れたよ」という言葉が返ってきたのであった。

戦争の経験のことはあとで述べるが、私は大学卒業の直後に、本籍地である長野県のいまの佐久市で、それまで延期を許されていた徴兵検査を受け、丙種という判定を与えられていた。この判定は召集免除という扱いを受けるもので、理由は検査に当たった軍医が物分かりよく下してくれた「筋骨薄弱」という四文字に示されていた。したがって私には、当時の青年たちの多くを苦しめた結核という病気には無縁だったものの、応召と出征との可能性はまずなかったから、人生を集中すべき目的とそれに向っての計画とを考える余裕が、ビジネスのデスクを前にしながらもだんだん生まれてきたのであった。

そういうときに、ゼミナールの先輩の高宮晋《すすむ》さんから電話があって、福島高商から中村常次郎という教授が出京して来ていて、新設の講座のポストを充たすために若い人を探すのが目的だそうだが、君には応じる意向はないか、ということなのであった。それは昭和十五年の冬のさなかの或る土曜日の午《ひる》をまわった時刻のことで、私は同僚たちの帰ってしまった広い経理部の部屋の自分のデスクに腰かけながら、東大の研究室からのその電話を聴いたのである。——それから二年ほどして戦争が行き詰まったころ、召集にかんする等級の丙種が第三乙種に格上げとなり、それが召集に応ずべきものとなったから、人生の方針も計画もそれを考えめぐらすことは私にとって無意味となるのだが、私は不敏にもこの変更を予測できないでいたため、高宮さんからの簡単な電話一つに心を動かされ、福島への移住がそれから本気で考えられることとなったのである。

2

しかし、福島高商への転職にはいろいろな障害があった。

その一つは母の厳しい反対である。信州佐久の製糸業者の家に育った、気性のつよい母は、およそ先生という職業に対しては軽侮の念を持っていて、それが平凡な人生とか低い収入とかいう固定観念と結びついているものらしかった。彼女にはその両親の病没と事業の衰微とのあとにも一人で経営を守っていた時期があって、こういうところから、実業界こそが男の表舞台だという観念に縛られていて、大会社での活動をめざす人生を擲《なげう》って地方の専門学校に赴こうとする一人息子の意図は、けっして許せないものであった。事実、母は私の亡父と結婚以来、京都と東京とのほかでは暮らしたことがなく、また亡父は無学歴ながら一流の紡績会社で工場長までを勤めて、没後には余裕のある生活を妻子に保証してくれたのだったから、息子の変身願望は母にとっては非常識意外の何ものでもなかったのである。

いまから半世紀以上もまえの母子家庭での一人息子というものは、当然、母親を「養う」

義務を将来には果たすべきだと思っていたはずであって、私も例外ではなかったから、この転職にあたって母を説得するために私の費したエネルギーと、その反面で蒙ったストレスとは、莫大なものであった。そのおりの母は、「ノメッテ死んだって、昇の世話になどなるものか」というつよい科白《せりふ》を吐いたものだが、これは信州佐久に特有の表現なのだろうか。
しかしもともと、私が大学で経済学部を選んだこと自体、母への配慮にもとづくものであって、そのときに父がまだ生きていたとするなら、息子の本来の願望であった文学部への入学を許してくれたであろう。父親といえば思い起こすことだが、彼は文学への嗜好を自力でそれへの教養に育て、内外の小説や漢籍や仏典をたくさん揃えていた。或る日、東京近郊の寺の縁側《えんがわ》で父と休息していたとき、座敷の襖に杜牧の有名な絶句が行書で書かれているのに向き合ったことがある。

遠上寒山石径斜　白雲生処有人家　停車坐愛楓林晩　霜葉紅於二月花

そのときの私は〈旧制〉中学生で、すでに漢詩にはわずかになじんでいたが、この詩の音読をこころみながら、第三句の「坐」をそのまま「坐して」と読み、第四句の「於」は読めなかった。父は「車を停《とど》めてそぞろに愛す楓林の晩《くれ》、霜葉は二月の花よりもくれないなり」と軽く読み下して、「ふつうこう読んでいるな。坐という字を〈そぞろに〉と読むのは気分によるものだが」といってくれたのであった。

ともあれ、東京海上に通勤している私の内面では、母の思惑にかかわりなく、本とともに生活したいという欲求がハッキリと自覚されて来ていたし、そうなればもう、たとえ俗学の匂いがあるとしても、またこれまでの蓄積がどんなに貧しいとしても、経済学で職を得るという機会を逃したくなかったのである。東京が戦災を蒙るという恐れを語って、私はとうとう母にあきらめさせた。——なお、母の父親は信州から上京した或るおりに、熊谷あたりで大久保利通と出遭うという偶然に恵まれ、そのとき大久保から製糸業の国民的意義を説かれて、自分の事業を起こしたということだが、孫としての私は、ときどき、この挿話を思い出すのである。

その二つは、いまも書いたとおり、私には経済学者として教壇に立つという素養も学殖もなく、この大事な点を十分に自覚しないわけにはいかなかった。しかも福島では私に植民政策という、時局の要求と考えられていた講座を用意していると聞いたから、これにはまったく困惑した。東大では植民政策は、罷めさせられるまで矢内原忠雄教授が担当していたが、私はその単位を選択していなかったし、研究室の矢内原教授に本を借りに行ってひどく神経質な対応を——当時の彼の境遇を思えば無理もないことだったのだが——されたという記憶しかなかった。

私は福島に行く直前に、退職を余儀なくされた矢内原教授に代わって臨時に農学部から来て植民政策を講義していた東畑精一教授を、経済学部の研究室に訪ねて教えを乞うこともした。しかし、シュンペーターの弟子として知られる東畑教授は、たいへんフランクに応待してはくれたものの、「植民政策ってどういうものなのか、ぼくにはまだ……というか、本来というか、分からないんですよ」とホンネを吐いたあと、ご自分の夫人をも題材とした閑談に私を引き入れてしまった。こうして、経済学部とはちがう農学部の教授の明るい印象だけを持って私は研究室を出、結局、植民政策についてはケブナーのテキストを読んだだけであったが、この本からはなんの学問的生命も感じられなかった。

そうしてその三つは、私の離京が、高校以来の文学仲間＝最も親しい友人たちとのつながりを引き離すだろうという、当然の予想であった。誰でもその青春の跡にはいろいろな羞恥が残されていると思うのだが、私のばあいはこのわずかな文学仲間と大学卒業の年に『狼煙』という文学の同人誌を発刊し、熱心に刊行をつづけていて、それに拠って各人がそれぞれの世俗の職業での鬱屈を晴らし、また何よりも、戦火に直面しようとする者のカタルシスを求めたのであった。

この文学雑誌は昭和十九年（敗戦の前年）の秋に十五号を刊行するまで続いて、この年に「応召」していた私は敗戦後にはじめてそれを手にする。雑誌の中心は、『コギト』の同人で『白鳥』という詩集のある、親友の増田晃であった。彼は法学部を出たあと早く召集されて、十八年五月四日に、中支の長江北岸で戦死を遂げた。結婚してまもなくであった。

私はこの雑誌にずいぶん肩入れをして、小説や評論や短歌を手当り次第に毎号発表したから、サラリーマンの一年間は土曜の半日と日曜のまる一日とを原稿用紙に向かいつづけ、そのために憔悴して、短期間ながら心臓神経症を患ったこともある。こういう事情は私に、毎日の会社通いをうとむ気持ちをだんだん深くさせたが、福島への転居は『狼煙』とのつながりを細くすることを意味したから、私にとってはつらいことなのであった。

もっとも、私は自分の書くもの、とくに小説には、執筆に熱中はしながらもいつも自信が持てなかった。そこには人生経験の不足、とくにアヴァンチュールの皆無が歴然としており、念入りに描いたつもりの女性の服装の点で女性の読者から容赦のない採点を受けるというようなこともあって、これはとくにこたえた。

ただ、短歌についてだけは、私ははじめから結社に属することを避けて来たけれども、すでに数年の経歴を持ち、昭和十二年の学生時代にも『短歌研究』七月号に、応募作品として「草の花」と題する五十首が載ったこともあった。このとき推薦してくれた選者は北原白秋だが、その推薦の辞はいまでは過褒《かほう》と思われるのでここには再録しにくい。

ともあれ、書いて心に炎を絶やさぬことが戦時下の若者のカタルシスであったかぎり、私は福島に移ってからも、『狼煙』の最終号まで作品を載せつづけたのであった。――増田晃についてはもう一度書くことになるだろう。

3

信夫山の下の中村常次郎教授の家にあるじが帰って来たのは、日が暮れきってからのことであった。

中村さんは帰宅の遅れを簡単に謝っただけであったが、躰が大きくて話しかたもゆったりした、初対面のこの先輩が戻ってくると、コタツもその部屋もしだいに暖かくされたし、それに何よりも、中村さん自体の人柄から暖かさが伝わって来た。この人は本位田ゼミナールで同輩だった大塚久雄教授の近況を懐かしそうに私に訊ねたり、私の父が生まれ育った秋田の男鹿半島を話題にしたり、御本人の郷里の秋田市に、実家（?）の不動産の管理のためにしばしば戻らねばならぬことを説明したりしながら、晩酌をゆっくり楽しんだが、下戸の私に酒の無理強いはけっしてしなかった。高商の教職についてはごく軽く触れただけで、詳しい説明も忠告めいた言葉もなく、学校内部の人間関係などはまったく口にしなかった。植民政策という予定の講座には困っていると訴えてみたけれども、「そうでしょうな」と軽く笑ってみせられてしまった。この晩の中村さんは、万事は自分にまかせてくれなどとは微塵もいわなかったが、そういう雰囲気はこの人の存在自体から滲み出ていたし、また、私と対面してどういう配慮を働かせたためか、言葉遣いがたいへん鄭重であった。

翌日になると中村さんは、まだまだ寒かったのに、終始歩いて福島の市中を、高商のある北部から家並みのまばらになる南部まで、ぶらぶらと案内してくれた。須川の橋に立って東に阿武隈川を見、北に信夫山を眺めて引き返したが、山というよりも丘といいたい信夫山の全容は、やや離れて見ると、静穏で好もしかった。私がそれをいうと、「あの山はいいでしょう。松なんかあってね」という、ちょっと独特な表現が中村さんから返ってきた。

中村さんの稀な人柄や能力については、私はのちにやや詳しく書いたことがあり[1]、それはいろいろな本に転載されて——というのはこの人を懐かしむ後輩や生徒＝学生が多かったからだが——いるから、ここでそれを再現することはしない。要するにこの人は、私のいままでは長い生涯でいちばん胸の広さと厚さとを感じさせた人物であり、まただんだんに知ったことだが、一人格のなかに破格のずぼらさと抜群の事務能力と無類の判断力と、そのうえ平穏な心境とを並存させている、希有《けう》の存在であった。なお、この人は動作に重々しさを感じさせる反面、優秀なスポーツマンでもあって、テニス・プレイアーとしての破壊力が目に残っている。のちに東大の経営学の教授に移り、それまでの研究対象だったドイツ経営学からアメリカ経営学の開拓に進んで、双方の領域で成果をあげたが、東大ではその人柄の長所や魅力をあまり発揮できないで終わったようである。それは無理もないことだったと私には思われる。

これは余談になるが、東京でオリンピックが開催された昭和三十九年の夏に、私は立教大学の一教授として西南ドイツのテュービンゲンに滞在していて、旅の途中の中村さんをこの小さい町に迎えるという機会に恵まれたことがある。そのおり私は中村さんの案内役となって、ミュンヘンからティロールのクフシュタインやインスブルック、さらにテューリッヒをめぐり、テュービンゲンに戻ってその駅頭で午のビールを飲んで、久しぶりの先輩と別れたのであった。それは二人のそれぞれが福島を離れてから十年ものちのことであったが、私はあれほどのんびりした旅はしたことがない。列車のなかで幾日も長時間中村さんと対面していて、気疲れというものを感じなかったのはふしぎであった。テュービンゲンの日常では入浴が不便だったので、この数日の旅行中、倹約が必要だった私は、中村さんにだけ上等な部屋をあてがい、自分は中村さんの部屋で入浴させてもらった。ただし、中村さんに朝の定刻に目を醒ましてもらうのは私の役目であった。私が困ったこととといえば、中村さんは夕食のビールを存分に楽しもうとして昼食にはまったく無関心なことで、そのため、特急列車の停車駅でサンドウィッチを買いはぐれたまま、山国のリヒテンシュタインをスイスに越えたことを覚えている。しかしその晩、テューリッヒのレストランで大ジョッキを悠々とお代わりする中村さんに、ボーイが敬意の籠もった口調で受け答えをしたことも、私の記憶のなかにある。

福島からの帰りの列車のなかで、私は中村さんとおなじ職場で暮らそう、生活の点ではこの伯楽に従ってみようと、心をきめた。人生経験にまだまだ乏しくて、かなり孤独だった一青年が、はじめて決断らしいことをして、戦時下に職業を変え、文学の初版本をひと山売り払って経済学の本に買い替え、福島市に移って来たのは、そうして若い生徒たちやさまざまな同僚との新しい交流関係にはいっていったのは、このようにしてであった。

（1） 高宮晋ほか編『中村常次郎先生還暦記念、現代経営学の課題』有斐閣、昭和四九年、の巻末に小林の「福島時代の中村常次郎先生」（のちに小林『帰還兵の散歩』未来社、昭和五九年に収録）がある。中村氏の主著は『ドイツ経営経済学』東大出版会、昭和五七年。

第二章　出会い

1

福島市での借家は高商で世話をしておいてくれた。

それは市の東北隅の北五老内町《きたごろううち》にあって、数軒が一団を成しており、周辺は水田であった。信夫山はすぐ北であった。私はこの家で、一毛作の田圃での営為と労働との詳細をはじめて知ったが、戦後、近傍に市庁舎が新築されてから、その裏となったこの郊外はすっかり場末になって面影を一変させてしまった。

私の借家は、部屋が四つと、畳敷きの玄関と納戸とのある、小ざっぱりした新しい建物で、前庭も裏庭もあったが、廊下の外側はガラス戸だけで板戸が一枚もなく、冬になると東北地方の盆地の寒さが身にこたえた。雪の吹きつける夜などは、コタツにいる私の和服の襟がうっすらと白くなっていることもあった。枕もとに置く茶にもしばしば氷が張った。降雪もそのころは深かったし、西の吾妻山からは風花《かざはな》が飛んできた。夏はまた夏で、水田に囲まれた家というものはなかなか蒸し暑かったが、螢の飛び交うのを見るという楽しみもあった。

この家の近くにはカナダ系の修道院の重厚な建物や、蚕糸試験所や産院などがぱらぱらとあって、それらが小都市の郊外の目じるしになっていた。家の前の道を東にまっすぐに行けば、すぐに、福島駅と瀬之上町や梁川町とを結ぶ単線電車の停車点があり、そこを超えてさらにすこし行けば、阿武隈川の堤にぶつかる。この川は道とT字を成して、右（南）から来て左（北）に流れ、対岸の深い竹薮にはことに風情があった。そこはもう福島の町ではなかったのである。私の新しい職場となった高商は、このおなじ道を逆に歩いて三十分ほどの距離にあって、市の北部を横切ることになるのだが、それがわずかに上りとなっており、冬場に雪の道を自転車で漕ぐのはなかなか苦しかった。途中に女学校や商業学校や中学校があった。

この、北五老内の家には四月の学期始めに引っ越して来て、すぐに登校して校長の江口重国氏に挨拶をすませた。そうしてその当日に、大阪から移って来てやはりはじめて登校していた、理論経済学専攻の熊谷尚夫と顔を合わせた。

やがて生涯の友人となる、この痩せた青年の熊谷は、東大で河合栄治郎教授のゼミナールにいたのだが、そこで安井琢磨さんを先輩に持ち、大阪で日本生命に三年勤めたのちに、転身して遠い福島に来たのであった。彼は私より二年先輩で、研究の対象をゼミ時代の新カント学派からいわゆる近代経済理論に移し、この領域での輸入→開拓の世代に加わろうと心をきめていたのである。彼は保険会社での一日の勤務が終ると、自分のデスクに経済理論の本、たとえばJ・N・ケインズの*The Scope and Method of Political Economy*, 1891（『経済学の領域と方法』）を拡げて、それに小一時間没頭するのがなによりの楽しみとなっていたということをのちに私に漏らしたから、研究の対象はすでに明快であって、私よりも数日（年？）の長があった。もっとも、福島に来て彼が最初に持たされた講座は保険論であって、これは私のばあいの植民政策よりもやや無難だったとはいえ、彼のこころざしは当分は無視されたわけである。だが、自分の経営学の素養がマルクスだった中村さんが、経済学部をトップで出た近代経済学の熊谷を福島に呼んできたのは、一つのヒットというべきであった。

　秀才熊谷との初対面からは、自己顕示的な印象をすこしも受けなかった。彼の話しぶりは遠慮がちで、かなりの羞恥心を――あえていえば対人コンプレックスを――さえ感じさせたが、新しい境遇への門を同時にくぐったばかりのわれわれはすぐに打ち解けて、連れ立って帰宅の道についた。その道が信夫山の裾をめぐってもとの刑務所のあたりまで来て、そこから熊谷は市中の借家へ、私は阿武隈川の方角のこれも借家へ向かうために別れようとするとき、熊谷は不意に立ち止まって、思い切ったように、「君、ぼくは結婚していて子供もいるんだ」といったのであった。彼はすでに学生時代にその従姉妹《いとこ》と結ばれており、やがて悟るようになったことだが、その不意の言葉には彼の生活苦が滲んでいたのであった。彼はすでに幼い一女二男の、三人の子持ちだったのである。

熊谷が十六年もあとで大阪大学に移ってわが国の理論経済学界の代表者にまで大成したことは、人の知るところだが、それまでには複雑な経緯があった。ともあれ、彼ほど良識に富んだ専門家に私は遭ったことがないといってよい。経済的・物質的困窮（戦時中だったから文字通りの）と家庭的心労と執拗な結核とに抵抗しながらも、彼は着実に、正面から、勉学をつづけていた。英米の専門誌の論文を一夜に一編のペースでしっかり理解し、他方でJ・S・ミルやマーシャルやピグーやJ・M・ケインズやヒックスやシュンペーターや、さらにマルクスまでを、正面から吸収しつづけるということは、幅のある能力でなくてはとうていできることではないが、学生時代には哲学に身を入れていたこの青年は、学問へのこういういわば正面領略を、じっくりとおこなっていたのであった。

彼はしかし、自分が秀才だと自負している気配はまったくなく、親しい人々にだけ、一面の特質のシニカルでときにユーモラスな物の見かたを示すだけであった。私はこの新しい友人からは、自分と別種の教養を持つ人間として、また珍しく苦労を知らない純潔な青年として見られたらしく、この点を彼が自己への一種の癒しと感じてくれたことは幸せであった。

熊谷の性格にシニカルでユーモラスな点があることは、彼がセクシュアルな話題を好んで選ぶときの語り口にも示されていた。そうしてこの種の好みは彼のきれいで陽気な、しかし頭痛持ちの夫人にも共通していて、この夫婦のうちのどちらがそういう点で相手に影響を及ぼしたのかは、私には判断しかねることであった。のちにわれわれよりも若い研究者たちが同僚に加わるようになり、そのうちの誰かが結婚したようなとき、熊谷の軽妙でもあり執拗でもある質問が、新夫の立場の同僚を大いに悩ませるというばあいもしばしばあった。やがて私が結婚したときも、妻が東京を離れて福島に来る以前から、彼はあからさまに興味と関心とを示したが、実物の妻を紹介してからそれが鎮静したらしいので、わけを訊くと、「いや、肉体美人が来て君が悩まされるのを見たかったんだ」という、なにやら微妙な答えだった。

だが時には、こういう熊谷も一本取られることがあった。高商から一橋大学を出た、われわれの早いころの生徒の佐藤博君は、のちに福島市の公認会計士の草分けとなり代表者格となった人で、この人のために仲人《なこうど》をつとめたのがわれわれ夫婦のこういう役柄の最初だったが、好きな川釣りに行こうとして新婚直後の佐藤君の自転車の荷台に熊谷がまたがっていたことがある。この相乗りのあとで熊谷は私に、「佐藤博にこんどの具合はどうだった？と聞いたら、〈ノーマン・メイラーじゃないけど、まるで蜜のなかに入っていくような感じで……〉なんていうんだ。ぼくは自転車から落っこちそうになったよ」と報告したのであった。

大成した経済学者熊谷は、『厚生経済学の基礎理論』『近代経済学』『経済政策原理』『現代資本主義の理論と政策』[1]その他多くの「名著」や標準書を学界に送りつづけ、幾人もの有能な弟子たちを育成し、経済企画庁に乞われて日本経済の政策の面にも力を添えて、震災の翌年の神戸で動脈瘤のために亡くなった。彼の夫人はそれによりまえに世を去っていた。彼の訃報に接してわれわれ夫婦は東京から神戸に行き、私は弔辞を読んだが、その文中に「君のXとZとのあいだの話への興味」という言葉を入れたのを、あとで咎めた人もなかったようである。

熊谷との交友については、あとでまた書かねばならないことがいろいろある。

藤田五郎――やがて短期間ながら日本近世経済史の学界を席巻することとなる、広島産のこの人物も、熊谷や私と同時に福島高商に赴任してきた青年であった。

彼は私と同年の東大経済学部の卒業であったが、籍を商学科に置き、中西寅雄教授のゼミナールに加わっていた。彼はトラックの選手であったのに肺を病み、そのために実業界にはいるのを断念したのだが、父君の藤田精一氏が楠氏の研究家だったこともあって、関心を経済史に移したのであるらしい。私が彼と会ったのは熊谷との出会いの直後だったが、そのときの印象は、熊谷の印象とはまるで別で、それなりにつよいものだった。互いの簡単な挨拶のあと、彼はまったく書生ふうに、「君の靴を俺のこのゴム長と、ちょっとのあいだ換えてくれんか」と、遠慮もなく申し出たのである。「うん、でもなぜ?」と訊くと、「これから校長に会って挨拶をして来なくてはならんからのう」という答えが返ってきた。福島はまだ春のはじめで、山下の道は雪解けの泥が覆っていたから、ゴム長靴履きという藤田のいでたちにふしぎはなかったが、校長への初対面についての意識を急に持ったらしいところと、おなじ初対面の私から文数《もんすう》への考慮をもせずに短靴を借りようと思い付いたところとが、いかにも屈託なげで、同時に独身者臭かった。そうしてそれが私には、会社での生活とはとくに交友の点では違うはずの新しい生活を予想させて、楽しくもあった。

藤田は熊谷とは逆に、まったく一人の生活を守っており、下宿のひと間があれば足り、その下宿もときどき簡単に住み換えていた。そこには自分の病気への配慮もあったのであろう。言葉数は多くはなかったが、なにをでもズバズバいい、人懐かしさはあまり示さなかった。つまり一人で道を行くという風があって、それが男性的に感じられるのであった。争いごとは好まなかったが、自分の行路への容喙《ようかい》はいつもハッキリ拒否していた。教授会での積極的発言も少なく、はじめのうちは、自分に与えられた商品学(!)の講座に辛抱していて、おそろしく読みにくい論文を発表し、当の学界を混乱させたりもした。しかし、やがて校長からなにごとかさらに好まぬ仕事を強いられて、辞職を申し出たが、その結末を訊くと、校長は「お前のようにフロシキ一枚でどこへでも行ける男にはかなわん」といったそうである。むろん、後楯《うしろだて》の中村さんのあっさりした忠告が、校長を縛ったのであろう。フロシキ云々の表情も、校長江口自身のヴォキャブラリから出たものではないような気がする。

藤田の思い出についても、中村さんのばあいと同様に、私はいちおうまとまったものを書いているから、或る程度は読まれているであろう。[2]しかしそれはそれとして、藤田のこともあとでもう一度書くことにする。

（1）熊谷尚夫の多くの著・訳書については、『創文』三七九号、平成八年八月、一ページを見られたい。

（2）小林「回想――藤田五郎の学問的生涯――」。これは小林、前掲書（本書一三ページ）に収録。

2

おなじときにもう一人、若い同僚ができて、私は彼ともすぐ親しくなった。一橋大学（当時の東京商大）を出た、経済史家の増淵龍夫である。

増淵は上原専禄教授の指導のもとにドープシュを読んでドイツ中世史を学び、年齢は私とほぼおなじながらもすでに独自の方法意識と風格とを持っていたから、お互いの会話は私の専門的教養をも動員させ、なかなか有益であった。彼の実証主義は、当時大塚史学の影響下にあった私の学問的世界にも或る程度は切り込んできて、それは上原教授の風格を伝えてくれるものでもあったし、史学の巨人ドープシュの存在を私の頭脳に刻み込むものでもあった。

惜しいことに、増淵との日常的交友は一年で途切れ、彼は一橋に戻って中国史の研究に道を変えることになるのだが、ふたりの親しい関係は（ごく私的なひと波瀾はあったものの）

そのごも長くつづき、私は上京のおりにはたびたび増淵の家に泊めてもらって、節子夫人のお世話になった。当時はまだ、ホテルに泊るという習慣は庶民にはなかったのである。増淵は夜なかに仕事をはじめるという習慣と重い喫煙癖とのために、やや早く亡くなったが、そのユニークな仕事は論文集『中国古代の社会と国家』として没後に編集・刊行され、さらに、増補・改訂を経た新版も出ている(1)。

増淵との交友のおかげで、私はのちに一橋の学長時代の上原教授と、福島の飯坂温泉で余人をまじえずに一夜の対話をする機会を与えられた。日蓮の宗教を深い根とするこの人の思想世界をも、私は尊敬している。——なお、福島を離れて十年ものちに、私は先述のようにドイツのテュービンゲンで勉強していたとき、ヴィーンに赴いて大学の女性教授のエルナ・パッツェルトさんから、そのたくさんの蔵書を、当時私の在職していた立教大学のために、直接に購入するという役柄をどうやら果たしたことがある。パッツェルトさんはむかしヴィーン大学で上原教授らの日本人研究者とともにドープシュ教授のもとで学んだ人で、その蔵書には、ドープシュや、その岳父ユーリウス・フッカーや、パッツェルトさんの父のユーリウス・パッツェルトや、むろんパッツェルトさん自身などの、各種の貴重な蔵書がふくまれており、若い増淵の研究していたWeistümer（ヴァイステューマー、古判例集）の実物も幾冊か見ることができた。これも増淵をつうじて、一橋の増田四郎教授とも私は上京のおりに親しくなっていたが、この増田教授が立教の図書館で「ドープシュ・パッツェルト文庫」の書棚をまえにして、長い長い時間を過ごされたことも、いまでは忘れえない思い出となった。

記憶の不確かなことだが、増淵は高商ではじめから経済史の講義をしていたのではなかったろうか。というのは、彼が福島を去ったころに、藤田と私とが、藤田の印象にかかわることとして次のような会話を交わしたことを覚えているからである。

藤田「こんどは俺が経済史を持たせてもらうぜ。」

小林「しかし、俺はともかくも西洋経済史のゼミを出ているんだよ。」

藤田「そういうことが問題なんではない。俺はまともには経済史しかできないんだ。」

小林「……しかたのない奴だな。それならまあ勝手にしろよ。」

当時の福島高商の図書室には、西洋経済史についての外国語の研究文献や資料集は、いな概説書さえも、まだまだ極めて少なくて、私は正直なところ、西洋経済史の研究を福島で進めることは不可能だと思っていた。それに、外国書の輸入もすでにむずかしくなって来ていた。それならいっそのこと、これまで西洋経済史にからめて重商主義やフリードリッヒ・リストをいくらかは勉強しているから、むしろ経済学史の領域を耕してみようかと思いはじめたころに、右の会話があったのである。経済学史に分野を限るのなら、東北大学から順々に古典を借り出して来て幾年か勉強することもできると考えられた。そのころ東北大学には、私の武蔵高校時代に倫理学の教師であった、(異色の?) 西洋古典学者の小川政恭先生が、図書館員として勤務しておられたから、図書を借り出すにはいくらかの便宜を期待できたのである。藤田は藤田で、商学科を卒業する前後から、日本資本主義論争や大塚史学に真剣な興味を持ったのではなかろうか。

それにしても、こうした会話がお互いのあいだで気楽に交わされたこと、そこでの諒解がそのままの結果にやがてつながったことは、当時の福島高商でなければおそらくありえなかったことであろう。

（1）増淵龍夫『中国古代の社会と国家』弘文堂、昭和三五年。改訂増補新版、岩波書店、平成八年。

3

経済学史の研究者としての小林はこういう経緯で歩みはじめたのだったから、その私に正式の師はいなかったわけである。このことの良否はともかく、私自身はこういう規格外れの事実を自覚して、淋しさとともに自由をも感じた。なお、私は論説というものの手始めに、東畑教授からの影響のある「広域経済圏の成立と植民学」という、評価には値しない一篇を昭和十七年に書き（『国際経済研究』）、藤田のほうはまえに触れた晦渋な商品学の学界展望（！）を高商の研究誌『商学論集』に発表している。

もうひとり、一年あとにわれわれの親しい仲間に加わったのが、財政学というまともな講座を担当した小野賢一であった。学界では無名に終ったが、彼は神戸の出身で、東大の卒業だったと思う。そういうことや彼のゼミナールを私がはっきり覚えていないのは、彼の特異な風格のせいである。彼は学生時代（あるいは高校時代？）にはたいした秀才だったと自称していたそうだが、福島に来てからはさっぱり勉強せず、論文らしいものも書かず、生徒たちにのんびり野球を指導していた。彼は財政学の講義時間に白楽天の長詩「琵琶行」を黒板に書いて解説をしたことがあるというが、「琵琶行」の話でならば何時間かを稼げたことであろう。また生徒たちも一般教養を富まされたことであろう。

小野は独身者同士のせいでとくに藤田と親しくし、やがてふたりで、高商の教員たちの集会施設の、校外の如春荘という純和風の小綺麗な建物にはいり込んで生活するようになり、せっかくの施設をずいぶん汚したりもした。彼らへの訪客は土足で玄関に上がることになっており、廊下をしばらく進むと、チョークで白線が引いてあって、そこではじめて履物を脱ぐように指示してある——なにぶん当時のことだからこれは靴盗人を防ぐための措置だったかもしれないのだが。

この、小野という色白でやや長身の青年が頭の良かったのは事実で、碁を打ってみても、局部の争いなどには深入りせずに、形勢判断の積み重ねで勝ってしまうということがしばしばあった。また、余計な口出しをいっさいしないまま談話の席に加わっていて、その座の空気を和やかにする、というような風格があった。他人のことについての口も格別に固かった。彼はじっさいに秀才だったのかも知れず、そのために反って、学問への努力の虚しさを悟ってしまったのかも知れなかった。あるいはもっと単純に、彼も軽い結核をかかえているようだったから、そういう躰をいたわるのを第一の目的にして教職を選んだだけのことだったのかも知れない。しかしそういうふうに私が彼の前歴をよく知らない——或いは忘れてしまった——のも、友人としての小野はその聡明と善意とだけで私には十分だったからではないかと思われる。

小野には、たしか戦後に山形市の女性との結婚話が持ちあがって、彼はその女性の家を訪ねるようになったが、その旧家の座敷で、飛躍して天井板に触れるという芸当（？）をやって見せ、それを興がられると、古風に（！）つぎの歌をこしらえて呈したということであった。これはおそらく、彼が藤田に話したのが伝わったのであろう。

天井に飛ぶがごときはいと易し君のためには飛ばん天まで

この歌がわれわれのあいだに知れわたっても、作者はべつだん弁解もしなかった。

なお、彼には山形県の新五色温泉でスキーを教えてもらったことがある。ここは高商の生徒として早いころに付きあった佐藤衛君の御両親が経営していた湯宿で、私はときどき長い山みちを登ってこの宿に泊めてもらい、厚遇を受けたものである。付近で炭焼ガマの稼働をとっくり見学したこともある。のちに戦争から帰ってさっそく出かけてみると、衛君はまだ帰還していなかったので、御両親のまえで言葉もなかったが、その彼もまもなく無事に戻ってきた。

衛君の母上はやさしい人で、ときには湯舟でも対面した。夜、ぬるく流れる湯にゆっくり浸っていて、それが遅い時刻になると、母君が女中たちをまとめて連れてきて、混浴という素朴な風情になることがあった。小野とこの宿に来て、そのころはリフトもなくてスキー履きで斜面を登るのがそもそもむずかしいため、彼が私に期待した効果はゼロに終った。

われわれのこういうグループのなかに、やがて福島の地元の郷土史家、庄司吉之助さんが加わる。この人は比較的若くはあったけれども私には年齢不詳で、学歴は小学校だけだということだったが、嘱託として高商の資料室に出入りしているうちにわれわれの正式のメンバーとなり、やがては大学の経済学部の教授に「任官」したうえ、さらにのちには学術会議の会員にも選ばれるようになった。その目立った経歴と、この人に与えた福島高商＝福大経済学部の非権威主義的な待遇とが重なって庄司さんの名を印象づけられた人は、社会科学の学界で少なくないであろう。

こういうケースが生まれた端初は、経済史にかかわる地方資料の発掘の努力をはじめていた藤田五郎の率直でインテリ的でない人柄を、おそらくは幼時からさまざまな苦労を重ねていた庄司さんが好ましいと認めて、両者の親密な交友が成立したことであって、それ以来庄司さんが出入りすることになった高商の資料室は、われわれ若い者の溜り場でもあったから、私もそこでの談笑のあいだに、すぐこの質実で精力的でユーモアのセンスのある、小柄の郷土史家と気楽になじむようになった。

庄司さんと藤田との交友は、前者が資料探索の要点——旧家を訪れたら便所の壁の補強に使われている紙にまで注意せよというたぐいの——とその読解のしかたを、後者が経済史学の理論的方面の知識を、互いに与えあうという関係に支えられており、経済史家藤田の成長は、庄司さんという存在がなくてはたぶんありえなかったであろう。私は『商学論集』の編集で、庄司さんの原稿には藤田のそれよりももっと泣かされたけれども、藤田はそういう作業を平気で私に委せていた。私は庄司さんといわば学問抜きの付き合いをつづけたのだが、この人から蝮《まむし》を食えと本気で勧められて、蝮屋のウィンドウを覗きに行き、生きた蝮たちのもつれあう姿を見てさすがに閉口した記憶がある。おそらく庄司さんは、私を蒼白いインテリの卵と見て、好意から蝮を勧めてくれたのであったろう。

ともあれ、この郷土史家の「業績」はそのごにだんだん積み上げられて、福島大学経済学部の教授会は、もっぱらこれらの業績にもとづいて庄司「教授」を実現させたのであった(1)。藤田の性格はおのずから根まわしの能力ともなっていたようである。

（1）庄司さんの業績から、つぎの二つだけをあげておく。『明治維新の経済構造』御茶の水書房、昭和二九年。編著『資料、明治前期福島県農業史』農林省農業綜合研究所、昭和二七年。

4

以上にしるした若者たちは、太平洋戦争直前の福島高商の教員たちのなかでは、むろん少数でしかなかった。だから教員会議での一勢力を成してはいなかったし、だいいち、そういうことには誰も考え及ばなかった。彼らはむしろ、中村常次郎さんの羽交《はがい》の下で勉強をはじめたばかりの、教師としてはとくに未経験な者たちであった。だから当然、彼らよりも先輩の先生たちは多かったが、ここではそのなかから、とくに私につよい印象を残した数人の人々に触れておこう。

坂田太郎さん。東京商大の出身で、わが国での重農学派研究の草分けであり、この人のケネーの邦訳は重要な業績である。語学がたっしゃで、ヒトラー・ユーゲントが福島市を訪れたとき、ドイツ語で歓迎の言葉をこしらえたこともあった。やがて山口高商に転じ、のちには一橋に戻って、定年後も長生きをされた。

阿部久次さん。化学的な商品学が専門。高松高商から飛ばされて（?）きた、正義感のつよい、大柄で無骨な人物。この人にきつく叱責された生徒・学生は多い。しかし一方で、さすがに熟年者の常識も豊かに備え、また小野を従えて野球部の指導もつづけられた。このほうの実績の点は不明である。研究熱心で実験室に立て籠り、若い者たちの研究の意欲を無条件に支持して、熊谷や私にとっては感謝の対象ともなった。のちに福島大学の学長に推され、県立会津短大の学長をも勤め、横浜市で亡くなられた。

井上紫電《しでん》さん。変わった名前の民法学者。しんのつよいカトリック教徒。小樽から転任してきて生徒課長を任せられ、ずいぶん苦労された。生徒の側に問題があったのではなく、官僚の典型で時局への便乗に熱心だった江口重国校長に、無理な仕事をつぎつぎに押しつけられ、そのうえ会議で怠慢だといわれて、「それでも一日は二十四時間しかありませんから」と、シッカリ抵抗されたことを覚えている。

私は戦後はこの人ととくに親しくなり、高商からの帰りにおなじコースの路を幾度もぐるぐると廻って、長い議論に熱中することがしばしばあった。話題はおもに、カトリックの信仰と世界観とへの私の幼稚な疑義と、それに対する井上さんの、けっして譲歩をしない反論とであった。そういえば軟式のテニスでも、私は井上さんに勝たせてもらったことは一度もない。しかし私がこの人に優しさを感じていたのは、相互の討論そのものを尊重するという、それ自体が寛容なこの先輩の変わらぬ態度によるものだったようである。井上さんはのちに名古屋の南山大学に移り、このカトリックの大学で厚遇されて、平穏に生涯を閉じられた。

野村正次さん。この人は京大からたしか鹿児島の高商を経て、私と同時に福島に来られた。

担当は交通論。頑健な体躯を持つ趣味人で、その趣味の対象がときどき一変するところに特徴があった。アヒルを飼ったり、カメラを集めたりもされたが、こけしの蒐集にいちばん特徴があった。この蒐集にはすぐれた鑑賞眼が示されていたし、蒐集の熱意もたいしたもので、自分で木を削って好きな古品こけしの模作をつくるという域にまで達した。むろん野村さんもロクロを引けるわけではないから、模作の出来栄えには当然限界があったが、それでもいちおう目をひくものが作られていた。敗戦前後のいちばん生活が苦しい時期に、この蒐集もすべて手放されてしまった。私は戦後にこの人の手引きでこけしの蒐集に深入りすることになるが、それはあとで記《しる》そう。この、実直でいつも機嫌の良かった人も、いまは世にない。

玉山勇さん。たしか神戸商大の出身で、東北の二、三カ所で教職を経験されてから、福島に移って来られた。簿記理論や経営史の講座を持ち、多弁だがサッパリした会話に特徴があった。藤田たちとの接触も深かったようである。この人は民俗的なことがらに関心があって、こけしの蒐集歴では野村さんよりも古く、土湯こけしの古品の傑作なども所蔵しておられた。夫人は英語がたっしゃでこだわりのない方で、のちに夫君を案内してヨーロッパを巡ったりされた。太平洋戦争がはじまると、玉山さんは多人数の家族の食料の調達という目的を中村さんにも私にも明言したうえで、なにかと便宜のある、福島市役所の課長職に転身されたが、戦後しばらくすると、また高商に戻りたいと私に漏らして、やがてその希望が実現された。藤田のばあい（後述）といい、これも故人の玉山さんのばあいといい、福島高商→経済学部の教官たちのつくる雰囲気には独特なものがあったわけである。それを共同体的ともいえるであろう。しかもそれは、各人各種のイデオロギーを保ったままの共同体だったのである。

「出征」前に私が福島高商で恵まれた人間関係は、その濃い部分でほぼこのようなものであったが、むろん高商にはこれ以外にも多くの教員がおられた。たとえば——

古老とも呼びたい英語の吉松武通教授。文学に理解の深かったフランス語の川村重和教授。高商二回生として卒業と同時に母校の教壇に立ち、商業数学や統計学を教え、生徒＝学生たちとの個人的接触がもっとも多かった榊原明治郎教授。外人英語教師でロンドン大学出のエドワード・ゲーテンビー氏——英語教育で母国にも名を知られたこの人が福島まで来て、誠実にまた悠々とその天職を果たしていたのは敬服に値することであった。教員控室で新任の私を見て熱心に紹介を求めたのもこの人であった。戦争になってからはトルコに赴き、やがてセイロンで生涯を終えたという。外国人教師といえば、中国語を担当していて戦争の末期に天津に移り、その地で不運にも獄死したという、博《ポー》棣華さんの温厚な風貌や、ヒトラーのドイツを逃れて東北大学に一時身を寄せ、そこから中村吉治教授といっしょに講師として福島に来ていた、むしろ小柄のカール・レーヴィットの、物静かな挙措も忘れがたい。いまでは哲学史上にしっかり名を残しているこの人と、若い私がドイツ語（それは当時の私の教授科目の一つだった！）の会話力の不足のために突っ込んだ話を交わすこともなく、とくにこの人のおこなった日本精神なるものへの批判について論じ合えなかったことは、終生の恨事といっても大げさではない。

終りに梶山力さんと沼賀健次君。梶山さんは中村さんや大塚久雄教授と私との中間の年齢の先輩で、そのころ重い肺患の療養に努めていたせいか、いつも会えるというわけではなかったが、会えば静かな語り口で高水準の研究者としての余韻を残されたのが忘れ難い。梶山さんはすでにマックス・ヴェーバーの『プロテスタンティズムの倫理と資本主義の精神』の邦訳を刊行していて、私はそれを熱心に読んだが、四十年ものちに安藤英治君が、この良訳の日本でのヴェーバー研究史上の意義を評価してその精密な補訂版をこしらえたとき、私は巻末に小文をしるすという光栄にあずかり、その出版記念会の席で、年輩となられた、亡き梶山さんの愛嬢と言葉を交わすことができた（ここまで書いてきたが、そのかぎり当時の福島での若い研究者はそのほとんどが肺患者で、この点が古い世代の人々と大きく違っていたといえよう）。

沼賀健次君の齢はしらないが、だいぶ先輩だったことはたしかである。彼は独特な簿記の方式を創出したと称していたらしい。この万事に型破りの上州人は、中村さんの山形高校での後輩だったと思う。高校時代には野球の選手だったとのことで、阿部・小野・沼賀の三人がけっこう仲良く生徒たちの練習を指導していた。彼はすでに一度、召集されて砲兵部隊に属したという経歴があり、福島に来たのはこの召集とのちの再召集とのあいだのことであった。出征したのかどうかはハッキリしなかったたし、将校になったようにも話していたが、私自身が召集されてみて、彼もまた一兵卒だったことがだんだんに分かった。彼は私の母の前でも平気であからさまにセックスの話をする男で、「女房のヤツ、私が淋病になったことも知らないで……」などというのだが、性格自体にはけっして下品ではないものがあった。母も沼賀夫妻とは良く付き合っていた。彼はときどき市内の北裡《きたうら》の料理家に私を連れていって芸者を呼んだりするのだが、そういうときの或る夜に、灯火管制（すでにアメリカの航空機を意識していたころだった）の不備を道路の側から大声で注意されたこともある。

この方面で発展したらしい或る生徒の話では、「沼賀先生は飯坂（温泉）あたりでは芸者を相手にぼくらと本気で争おうとすることもあって、そういうときは怖いですよ」ということであった。私が前に一言した藤田への回想記のなかですでに書いたことだが、そのころ、禿頭の江口校長が、当時は良俗とされていた、外出時の着帽の風習を沼賀君がまったく無視している事実を、われわれの集まっている場所に居合わせたご本人にジカにたしなめたことがある。沼賀君はその訓戒を「へっへっへ」といった調子で受けていたが、やがてハッキリ「こちとらは帽子がなくても毛があらあな」と放言したのであった。この人はやがて再召集され、再度無事に帰還して、それからは高崎の商業学校長に転身して名望を得、やがて高崎市長を一期以上勤めて没した。

5

こういう人々との交友のある地方都市生活は、東京での会社勤めの毎日とはちがって、きわめて人間的で、温かみがあり、いわば青春の愁いに疲れた私を蘇生させる力があった。私は、東大の経済学部では高校の同窓生は一人しかいなかったから、若者としての、また知識人の卵としての、充足感の不足を、福島高商に来てようやく解消させたのであった。

ここでは生徒諸君もおおむね善意で、しかも社会人となる日の近いことを自覚しているため、かなり大人《おとな》であった。商都の福島では、高商の先生には別段の敬意は払われなかったけれども、生徒たちのエリート意識は或る程度許されていたようである。もっとも、新任のごく若い、生徒たちと年齢のあまり違わない先生である私は、最初の講義でからかわれるという恒例の試練を受けた。私が話し出すと、まず、「なかなか落ち着いているじゃないか」という、わざと甲《かん》高くした奇声が襲った。それを無言でやり過ごして黒板でチョークを使うと、「字もまずうまい方だな」という、同一人物のおなじトーンの奇声が響いた。こういうちょっとしたからかいは、かつて高校で私たちが若い新顔の先生に試みたものと似た性質の挨拶だったから、私は思わずニッコリした。

この最初の講義に臨むときには、私の心構えはほぼできており、自分のブッキッシュな

「教養」をテーマに向けて動員して、その上に経済学の乏しい知識を載せ、気楽な談話をつづけるしかないと思っていた。概念を正確に定義したり定理を明確に解きほぐしたりして、一歩一歩既存の体系の把握に聴者を近づけるという、まさに本格的な教授方法をわたくしは採りえなかったわけであって、この理由から、あらかじめ詳細なノートを作るという労働をも回避した。私にとっては、講義と研究とは密着してはいなかったのである。この、講義方法でのマイナスともいうべき面は、とうとう、教育者としての私の生涯を離れることがなかった。もっとも、こういういわば談話的教授方法は、僚友小野の琵琶行と、おなじく熊谷の明晰な理論展開との中間にあるような性質のものであるから、それを不満に思う聴講者がいるはずだということは当然ながら、講義の前夜に周到を期しながら作ったノートが、難解な講義の原因となるばあいもありうると私は思っている。

生徒諸君は本質的には礼儀正しく、「勤労動員」などで遠出をして宿泊するようなときには、まっさきに私の布団を丁寧に敷いてくれたものである。私は彼らと磐城《いわき》の海岸地方に幾晩も泊まり込んで、かじめという、ふつうには食料としない海草を茶碗にぎっしり詰め込んだご飯を三度三度食べさせられたり（どういう奉仕目的で行っていたのだろう）、吾妻山のすぐ下の丘陵地にめいめい鍬をかついで行って蕎麦の畑をつくり、作業時間より畑への往復時間が倍もかかるという幾日かを経験したこともある。あの、収穫量の乏しかった蕎麦を、結局誰がたべたのだろう。

教師としての私がいちばん困ったのは、戦時下のことだったから生徒のあいだにも一途《いちず》な右翼グループがあって、そのメンバーたちから議論をしかけられることであった。もともとイデオロギー論争の不毛を好まぬ私は、当時『日本の橋』以下の保田與重郎なども興味を以って読んでいたとはいえ（先述の増田晃にも保田の影響があった）、生徒たちの超精神論を相手にするときはかなり困惑した。

私の借家の近くにはこの若者たちの下宿している稽照《けいしょう》寮といういねぐらがあって、そこの諸君のリーダー格で理論（？）の強いのが、東京の下町から来ていた加部隆三君（昭和十六年卒業）だった。しかしこの加部君とも、彼がしばしば私の家に出入りしているうちに、だんだん親しくなった。彼はやがて中支に出征したが無事に帰還して、家を焼かれていたためまず福島に戻り、私の帰還を待っている家族を訪ねてくれた。

この加部君がのちには東京で、福島の母校の同窓会（信陵同窓会）全体のめんどうな事務を、一貫して、家族ぐるみで、綿密かつ献身的に処理してくれるようになったことは、同窓会の諸君に周知である。加部君はなお、高商出身の少数の有志と、のちの私の立教大学のゼミナール出身者のこれも少数とで、小子《しょうし》会というささやかな組織をこしらえてくれ、この会に私は幾度も出席して、ちょっとした卓話をこころみたり、談笑を交わしたりした。この会が何かの折に会員諸君の浄財で辞書類を贈って下さったこともある。

加部君は世間では十分にこころざしを遂げえなかったようにも察せられるが、これは運命であろう。
加部君に数年前肺炎で急逝され、つづいて誰からも健康を疑われなかった夫人にも亡くなられて、私ども夫婦は寂莫を感じている。加部君は早朝に起床していわゆる自分史を書きつづけていたそうであり、それが思わぬ発病の原因になったらしい。なお、現在の信陵同窓会長の吾妻哲夫君は、加部君の同期の友人であり、かつて稽照寮にも同宿していた。

生徒諸君のあいだには、むろんさまざまなサークル活動もあった。私は短歌や俳句の愛好者の小さいサークルのまとめ役を頼まれ、親密な、ときには激しい論争もある会合を重ねたが、そのメンバーのなかで、朽木卓司、島崎千秋、斎藤実の三君は、戦後にわたって付き合いのつづいた人たちである。

朽木君は海軍航空隊で予科練生の訓練者だったが奇蹟的に生き残ったし、島崎君は毎日新聞の文芸部で活躍した。島崎君はまた、美しく懐かしいモニュメント的写真集『武蔵野の四季[1]』の巨冊に、「編集人」として名を刻んでいる。斎藤君も大陸の戦線から帰ることができ、やがて私は彼の仲人を勧めたが、惜しいことに早く亡くなった。この斎藤君の家は福島市から吾妻山麓の土湯温泉に向かう街道沿いの佐倉部落にあって、戦時中は実君の小柄の母君が一人で魚屋を営んでおられた。福島市の市場で早朝に仕込んだ魚を、背中の竹籠に重く詰めて遠い道のりを家に戻り、その荷を部落に売り歩くという労働を毎日つづけられたのである。

実君の没後、斎藤家は夫人の実家のある土湯に移り、その若い世代と私との付き合いはいままでつづいている。

戦時下のひとときの平安の日々を、運命の重圧を意識しながら若い私がどう堪えていたかを、机中に残されている短歌の草稿から拾って、この場所に嵌め込んでおきたい。

夜半になりて峠に向ふ貨車のおと地揺れ伝はむ街裏おもほゆ
いつしかに紅《くれなゐ》きざす山肌は言葉減りゆくもののはなやぎ
床《とこ》の間に頭を戴せてまどろみし黄葉《もみじ》せる木々の鳴る峡のゆめ
葱の根を畑にふるふ女ありやや離《さか》りしにその香《か》せまりつ
田の株にかかりつつ飛ぶ篠懸の葉のすさまじきひびきあがりつ
いたましき朝の光か野を刈りてくれなゐ渇く大いなる山
母とわれとこもごもに夜を目覚めつつ悪意のごとき冬は来向ふ
外《と》は暮れてガラス戸にあるわが影の胸の奥処《おくが》に遠き灯の見ゆ
高き月くらぐら照らす山なみに向きて帰り来《く》二十五のけふを
身のうちに籠れる力しづけくて珠玉のごとくわれけふはあり
雪浅み片襞の杜くろぐろと夕べしづもる山までの街
霜に立つ靄のけはひになじみつつ暗き朝餉《あさげ》の菊を食ふなり

峯高くつひに雪降りひらかれし胸乳《むなぢ》のごとく目にせまるなり

（1）　山本健吉ほか著、編集人・島崎千秋『武蔵野の四季』（*The Four Seasons in Musashino*）毎日新聞社、昭和五〇年。

第三章　迫るもの・萌すもの

1

破局に向かう戦争は、むろん、しだいに深くなる声で私を呼びつづけていた。東大経済学部の同期でほとんど唯一だった、高校の同窓の友人も、しばらく日銀にいたのちに召集されて、もう海軍の主計少尉に任官し、すこしの隙に私を訪ねて一泊して行った。また、『狼煙』の中心でありつづけていた増田晃も、はやく「応召」して中国大陸にいたが、これも主計将校となるために一時内地に帰され、そのあいだにかねての愛人と結婚してから、再度中国に渡った。

彼は前記のように中支で戦死するが、そのあとも『狼煙』はなお細々と続けられたのだから、福島での私の精神的二重生活は四年ほども解消してはいなかったわけである。その私あての、中支の戦線からの増田の葉書八十五枚を、私はいまも保管している。それは私が彼の全詩集を厳密に編んで公刊するという希望を捨て切れないからだが、大陸での彼の作品には「大君《おほぎみ》」への必死の讃歌と訴えとが表現されているものが多いので、編集が思いのほかむずかしく、とうとう今日に至ってしまった。しかし前掲の『白鳥』の著者増田晃の詩魂の哀しさと美しさとは、ごく少数の人には認識されているはずである。彼が愛する人と引き離されてはじめて大陸に渡ったときに作った詩を、ここに掲げる。それは「車窓朝松」と題された無垢の一篇である。

ともしびの明石大門《おほと》のいそべの松は
背のびをしつつ吾《あ》を送るなり
防人《さきもり》に勇みゆく吾をいとほしみ愛《かな》しみ
母と妹弟《はらから》と許嫁の妻と
親しき友は吾を送るなり
ならび立ちて手をふりにつつ
いとしの松は吾を泣きにける

青春前期の増田の詩集『白鳥』はいまでは手にはいりにくいから、人々はせめて、『コギト詩集』（山雅房、昭和十六年）のなかの彼の作品「冬来り」を読んでいただきたい。彼の二十五のときの、美しい絶望のしらべに触れていただきたい。

増田は再度中国に渡るまえに、寸暇をつくって福島を訪ねてくれ、二人で飯坂に泊まって冬の一夜を語り明かしたが、翌日、一緒に阿武隈の堤防を歩いてから帰って行き、そのあとで私は肺炎になった。そのころの私の精神の領域には、まだ『狼煙』の占める大きい部分があったけれども、私は自分の才能の欠陥に対する先述のような自覚から、まだ捨て切っていなかった短篇小説の分野では、だんだん物語から私小説ふうのものに移っていったのであった。しかしそれらの示す心象風景は、われながら貧しいものである。

増田の現《うつ》し身は揚子江の中流から永遠に消え去り、その戦死を知らせる葉書は幾日も私の枕元に置かれていた。


昭和十六年の末に、日中戦争が太平洋戦争に突入したとき、私は福島高商の教授としてともかく平和に暮らしていた。この日米・日英戦争の帰趨を私は予知しないわけにはいかなかったけれども、われわれは日ごろ日中戦争の拡大に対して侵略者としての心の痛みを感じていたし、その泥沼化という暗い推移も認識していたから、みずからを被圧迫者の立場に置く必死の戦争、また敗北の予感を伴う強いられた戦争の開始に、いわば自発的な犠牲者の感情を以て私もいっときは対したのが事実であったと思う。この意味で、日米開戦の日に「特攻」はすでに予感されていたのかもしれない。しかしまた私は、この新戦争が暗愚の指導者たちによって自己保全のためにあれほど見苦しく継続され、しかも文字通り壊滅の敗北に終るとは、開戦の当初には十分に見通すことができなかった。

そのうえ、経験の乏しさを自覚していたこの若い高商教授は、日ごろから、一度はぎりぎりの苦難をくぐること、この苦難に身を投ずることを、自分にとっての真の教養（ビルドゥング）の形成には必要だとも感じていたのであって、この感覚が彼に、召集を免れる一切の方策を却《しりぞ》けさせていた。福島高商の若い教員は、本籍地を現住所に移せば仙台か会津若松に入営することも可能であり、そうすればそこにはさきに召集されて見習士官や少尉となっている教え子たちがいて、短期間の入営ののちにつごうのよい理由をつけてもらってシャバに戻されるという可能性があった。小野はたしかその事例の一つである。しかし私は長野県の本籍を変えずに、やがて金沢の師団に入隊して完全に孤立した一兵卒となるのだが（なお当時は、特別研究生となって東大の大学院に籍を置けばいっそうの召集延期もあったようである）、自分ではそういう帰結をヘマだと考えることもしなかった。しかし、高商での若い教員のすべてのうちで戦地に渡ったのは結局私ひとりであった。

熊谷や藤田は病弱のために、はじめから召集を免れていたが、簡閲点呼というものがはじまって、彼らもゲートルを巻いて市中の空地に引っぱり出されたことがあった。私は熊谷とおなじグループだったが、すでに肺患のすすんでいた彼の、強いられた動作は痛々しく見えた。彼は対米開戦の日に、「この戦争は勝てるのかねえ」と、一言私に洩らしただけであったが、すでに校長からは不要者《もの》扱いにされ、職務上の人事権から可能だった他の高商への彼の転任を図《はか》るこの校長は、病院に出向いて熊谷の容態を聞き出したりしていたのである。――私は私で、この箇閲点呼で指揮を執った現役の職業軍人に道で出くわしたおり、どうしたわけか彼に顔を覚えられていて、「上官に敬礼をせんか」と怒鳴《どな》られたことがあった。かれの非常識と無理無体とに私はシンからびっくりしたが、抗弁は行なわずに敬礼をした。軍隊のなかでさえ抗弁が有効なばあいもあることはやがて経験するのだが、私をびっくりさせた「上官」は、すでに陸軍の狂気の片鱗であって、それとの争いは無意味でしかなかった。

江口校長は高商に戦時体制を持ち込んで文部省から点数をかせぐことに熱中し、校庭に生徒を集めては空疎な訓示を繰り返した。教員たちにもさまざまな難題が持ちかけられ、中村さんだけがどうやらそれから免れているようであった。私はグライダーの練習とグライダー部の創設とを求められたが、これは即座に断ることができた。「応召のときまで躰を大事にしませんと」という返答が有効だったのである。私はすでに十代のころから、気の強い母がいろいろな人とときどき喧嘩をする――それは一過性のもので、もめごとを起こすというのとはすこし違っていたが――その後始末を、若い（幼い？）家長として引き受け、いろいろな口上などには慣れていたから、江口への対応にあまり苦労した記憶はない。

だがそれとは別に、当時の高商にまだ残っていた隷属的な、封建遺制のようなものには、経験するたびに気が滅入った。たとえば、高商の教員の受けるボーナスの額には、校長の裁量の余地がかなりあるようだったが、それはそれとして、ボーナスが出ると全教員が一室に集まり、そこにあとからはいって来る校長に向って、長老の教授（記憶にあるのは英語の浜島操さん）が、「このたびは特別の思召《おぼしめし》を以って賞与をいただき……」と謝辞を言上する習わしがあったことにはおどろかされた。

こうするうちに戦争はしだいに破局に近づき、それでも軍部は降伏の気配を見せずに、みずからの特権的地位を守ろうとしていたから、福島にもだんだんにしげく「英霊」が帰るようになり、わが家の近くからもポツリ・ポツリと応召者が出はじめた。数軒先の同姓の家への召集令状が、夜にはいってからまちがって私に届けられたりした。それはハッキリ、召集の予告であった（法律が変わって、丙種の青年も召集の対象となっていたのである。前記）。

2

そのころ、私の母は六十ほどだったが、気のつよいのは相変わらずながら、さすがに体力には衰えが見え、私が帰宅すると、玄関に出てまっさきに躰の不調を訴えることが多くなった。そういうとき、何かで機嫌の悪いことが重なると、例の「ノメッテ死んでも……」という激しい言葉が出るのであった。こういう気性は母の生涯を支えてきたものであったが、私が応召することと戦地で死ぬこととの現実性がきわめて高くなったいまでは、一人暮らしの老いた母の境遇を思い描くと、どうしても危なくて仕方のないものであった（当時の六十といえばもう常識的には老人である）。それに敗戦がすでに避けられないとしか予想されぬいまでは……。

そこで、遅れてはしまったが私は結婚することを考えぬわけにはいかなかった。私がそれまでに経験した恋愛らしいものは、その対象がさすがに単数ではなかったけれども、みなプラトニックなものであり、さらにいえば片思いにすぎなかった。私はそういう片思いの相手が遠ざかってしまったようなとき、それを相手の死と見立てて、一連の深刻めいた短歌をひそかにこしらえたりしたものである。熊谷や沼賀はこういう私をお見通しであっただろう。こうして私は、それなりに一人前の若い異性に対するばあいには、いつも自分の価値を低く評価し、積極性を持つことができなかった。ここまでの人生では自分は未熟にすぎると感じていたのである。

聖なる火を三たび廻《めぐ》らざるうちは
花嫁のかたへに眠ることなかれ
(Bevor du umschritten dreimal das heilige Feuer,
Schlafe nicht bei deiner Braut.)

ハンス・カロッサの従軍作品『ルーマニア日記』のなかにこの詩句を見いだして、私にはそれがわすれられなかった。そういう私が思い切って結婚の必要を母にいい出さねばならない時期になったのだが、そこにまでなると、息子と二人きりの生活になじんでいた母も、自分の立場を悟らぬわけにはいかなかった。こうして未経験な母子の嫁選びという、新しい仕事がはじまったのである。

ちょうどそのころ、高校時代の私のドイツ語の先生たちから、私の結婚話が持ちあがった。それは相手の女性の父親がやはりドイツ語の教師として当時の一高にいたからである。こうして、まだ若かった、高校時代の私のドイツ語の先生の一人の、国松孝二先生が福島まで訪ねて来られて、その、言葉は少ないが愛敬をふくんだ人柄と、酒のゆっくりした楽しみかたとが、うまうまと（？）母を魅了したのであった。もっとも、国松先生にしてみれば、私は高校ではたしかに秀才の一人だったし、しかも東大の文学部の世界では「秀才」を地方から中央へ「戻す」という慣例があったから、経済学部でもそれに似た慣習があると錯覚しておられた形跡がある――私が大学では時代と青春の迷いと素質上の違和感とに負けてすでに秀才の座を失い、しかも目のまえに死の壁が迫っているというのに。

だがそれをいえば、私は一種の犠牲者としての若い女性の配偶者を求めたのであったろうか。むろんそれは否定できないであろう。しかし戦争のあの重圧の下では、それを単純なエゴイズムとはいい切れなかった。日本の若い娘たちのほうでも、早く寡婦となることの危険を敢えて冒そうという志を持つ者がいたはずであり、たとえ私のばあいの結婚の相手がそれほどけなげではなかったとしても、その両親は娘を手放すことを望んだのであった。

急な結婚話はこうしてどんどん進行し、母がさきに上京して私の相手に会い、健康診断まで受けてもらってから——母は自分とは逆に候補者が細身なのを心配したのである。このとき医者は、「東京の娘さんにはあれくらいの方はたくさんいますよ」とかいったそうである——、つぎに「家長」の私が一人で「見合い」に出かけることになった。

この見合いののち、私は、夏の蓼科高原の横谷《よこや》という地区に、その弟を連れて滞在している許婚者《いいなずけ》を訪ねて、二泊ほどしたことがある。そのころのその季節には、蓼科の湯から横谷に越える丘には黄菅《きすげ》がいっぱい花を開いていた。いま思えば、その「時局」下に、よくも福島から信州の蓼科まで出かけたものだが、途中に母の郷里の中込という町（いまの佐久市）があったから、私は父や兄へのいろいろな思いを籠めた墓参を兼ねて出向いたのであった。

横谷の宿の近くにはフランス文学の山内義雄氏の夏の家があって、私は短いあいだに山内さんと親しくなり、この、戦争の空気などをまったく寄せつけぬように見えていつも機嫌の良かった詩人・文学者と、そのごも長く付き合っていただいた。のちに氏の訳詩集の文庫版や、大きい訳業であるマルタン・デュ・ガールの『チボー家の人々』の少年版をいただいたりすることになるのだが、氏には許婚者同士だったわれわれが幼く見えたのであったろう。

あるいはひそかに、われわれに痛々しさを感じておられたのかも知れない。

こうしてわれわれは秋に東京で挙式することになったが、花嫁の父と小林家の家長である私とは、式の雑務については対等の打ち合わせ相手であったから、その話の終らぬ二人のテーブルに、客の揃った披露宴の部屋から、早く出て来てくれという使いが再度現れたことを記憶している。丸の内のホテルの宴席で、食卓に出た皿はもう貝の料理ばかりだった。宴ののちに、そのころすでに松葉杖だった大塚久雄教授のために手配しておいたタクシーがとうとう現れてくれなかった。市中に一泊した翌朝、家内の友達が数人、上野駅でわれわれを見送ってくれたが、その女性たちとは私ものちにしだいに親しくなって、老婦人となった現在のそういう人々を「そのかみの乙女たち」と呼ぶのである。

われわれ二人は途中さらに塩原に二泊して福島に着いたが、疲れた妻の体調を心配しながら塩原で作った短歌の草稿に〈乙女の妻は呼吸《いき》安けきに〉という表現がまじっているのを、あとになって小野に見られて、あっさりとながらからかわれた。しかし前記のように小野は口が固かったから、そのあとで私が熊谷や沼賀にいじめられたという記憶はない。

こういうことまでを書くのは、自分の「個人史」とかいうものを残そうとするからではない。私の家族がこうして三人となり、戦後にはさらに子供たちにも恵まれるのだが、福島高商＝福大経済学部の教員たちや生徒＝学生たちとさらに親密に付き合うようになるのは、今後はこの三人のチームだったからである。北五老内の家での、やがては森合の官舎での、われわれ三人とのいろいろな交渉の記憶を、まだ温めてくれている人も少なくないであろう。学校のゲマインシャフト的部分に、この三人の家族はしだいに深くかかわってゆくこととなるのである。

私の母は息子の結婚によって目に見えて元気を回復し、体力も蘇った。新しい嫁との生活で闘志を得たのであろう。しかし妻は体力が弱かったし、女中のいる家から学校に通っていたから家事には暗く、そのうえ器用でもなかったから、これらの点は母をたちまち失望させたが、妻の方はもともと気持が平安でストレスにつよく、口で争うということをいっさい避けたから、こういう性格は母を安堵させたようである。もともと母は内心では、そういう嫁を求めていたのであろう。母は東京女子大を出た私の妻のいささかな教養などはいっさい尊重せず、嫁への家事教育に熱意を集中したが、その効果は長い目で見なければ分からぬものだった。私は妻の技能への母の不満をしばしば聞かされて閉口したが、さすがに母も、妻の性格的美点をしか第三者には語らなかった。

新しい三人家族の一人としては、私はけっして母の味方ではなかったし、これは前にも書いたように、もともと私は若年から「家長」として母を護ってきたのだから、マザー・コンプレックスと呼ぶようなものは持たなかったし、母の方でもそれを却けていた。それに母の性格的圧力に対しては、妻への私の全面的支持でかろうじてバランスをとることができたのである。

（余談を許されたい。高校一年生ごろの私は、世田谷区の立派な借家に住んでいて、そこで父と兄とに相ついで死別した。その家屋は土地の農家が自分用に建てたもので、木口といい、広さといい、母子だけとなった私どもにはもうふさわしくなかったが、家賃はたいへん安いのに、家主のたびたびの値上げの要求を母は断じて容れなかった。その家屋に家主の一家がしばらくはいらなかったのは、それなりの都合があったからなのだが、母の態度を見きわめた家主は、とうとう、自分たちが入居するから私たちには立ちのいてくれと、母に申し入れたのである。そのとき母は奮然として帰ってきて、そのまま奥に引っ込んだが、つづいて四十男の家主が、もっと奮然として玄関に現れて、応待に出た私に、ぜひ母に会わせろという。いちおうそれを母に取り次ぐと、「会ってなどやるものか」という答えである。私はやむなく玄関に引き返して、畳の上に正座し、先方の用向きを訊くと、「坊っちゃんのお母《か》さんは、この家は持ち主のわれわれが住むには立派すぎるというんだ」との答えである。こういわれて私も呆れたが、あの通りの母の気性ですから今日の再面談だけはご容赦下さい、「きょうのところは、わたくしがこの通り重々お詫びいたします」と、手をついてていねいに謝りを述べた。家主はしばらく私を見ていたが、「坊っちゃんにそういわれれば仕方がないや」といって、ともかくも帰ってくれたのである。母はこの家主の母親とは日ごろ親しくしていたから、この人からの影響もあって、われわれはこの「立派すぎる」家にそのごも住みつづけた。私はその近隣では「小林の坊っちゃん」で通っていて、家主はこのあとで生まれた子供に昇という名をつけた。)

しかし、妻の境遇の変化はいかにも激しかった。彼女は母の指図に従い、また母といっしょに、早朝からときには深夜まで働き通した。それは小さな借家のうちそとでのことである。後年、妻の語る思い出の一つに、躰を動かし慣れている母は、物置に積んである炭俵(母はこういう品を早目にまとめて買うという合理性を尊重した)の、寝かせて積んで置いたのを縦に並べ直して満足するというようなこともあった。母の得意な、そうして妻の不得手な、縫物の夜なべも毎日のことだった。それに、母は夜遅く風呂場で洗濯をするという習慣があって、それは翌朝、近隣のどの家よりも早い時刻に洗濯物の竿をあげるという見栄《みえ》からであった。妻にしてみれば労働と技術学習との、日曜のない毎日であったが、そのうえ、福島市の郊外の冬の厳しい寒さがあった。風花が舞い、本ものの雪もしばしば降る、田圃に面した借家での早朝、妻はまず台所の戸口から外に出て、七輪に火を熾《おこ》さねばならない。台所で使う水は終日冷たい。こうして妻の手指の一本一本にはあかぎれの傷が深く刻まれ、それに黒い塗り薬が押し込まれるのであった。細かいことを思い出せばきりがないが、当時はさまざまな家事の全体の量が、このごろよりもはるかに大きかったのである。

こうして妻は、そのごも重大な病気には罹らなかったものの、かえって軍隊でいえば初年兵なみの生活を、長年にわたって続けることになる。そうしてそのあいだに、脳貧血を起こして医者を呼ぶということは幾度かあった。当時の開業医は、夜になっても自転車で往診してくれたものであって、ゆっくりお茶を飲んでその日の疲れを休めていくこともあった。もっとも、もし母がのちに三人の孫のうちのはじめの二児を、もっぱらその腕と背とに引き受けて育ててくれなかったら、妻の脳貧血はそれだけでは済まなかったかもしれない。二人の女児たちは晩年の母の深い生甲斐であった。

さらに後日、母が没して、子供たちがみな自立したあと、妻は自分の希望で、老いた両親と生まれつき目の悪い妹とをわれわれの家——それはもう東京での自前の家であったが——に迎えて世話をするようになった。岳父はいちばん長く十五年間われわれと一緒に平和な生活を送って、九十七歳で世を終えたが、かつての未熟な（？）娘がそのご再教育を受けてわずかに蓄積した、生活上の技能を、賜物《たまもの》として誰よりも豊かに享けたのはこの岳父であったろう。

私は予想通り戦地に赴くこととなったが、その留守中をも妻はどうやら凌いで、後年になるとこれもまた東京の家でしだいに老耄《もうろう》した私の母から、自分の母親だと錯覚されるようになり、門の外に佇《たたず》んで帰宅を待たれるまでになる。そういう或る日に、私が呆《ほう》けた母の仕草にたまりかねて激しくそれをたしなめたとき、妻から、「お母さんは私がお世話しているのではありませんか。そんな言葉はかけないでください」と、それこそ一度だけ、つよく叱責されたことがある。

「戦地に赴く」こととなるまえに、家庭内でかなり神経を使いながらも、友人たちとの交流に支えられて、私の学問の歯車はようやく廻りはじめていた。このあたりの事情は、私の最近の小著『経済学史春秋』(1)のなかで一篇の回想記としてやや詳しくしるしたから、ここでは簡略に従うこととする。

3

昭和十七年に、私は前記のように、『国際経済研究』という当時の雑誌に「広域経済圏の成立と植民学」というエッセイふうのものを書いたが、これは私に押しつけられていた講座にかかわる義務を形式的に果たそうとしたもので、学問的価値は認められない。しかしこのおなじ年には、高商の雑誌『商学論集』に「重商主義の解釈に就いて」という論文を載せていて、これが私の専門論文の、まったく未熟な最初のものだが、その性質はむしろ経済史的だというべきであろう。しかし、つづいて翌年の『国際経済研究』と『商学論集』とにそれぞれ発表した、「フリードリッヒ・リストの生産力論」と「フリードリッヒ・リスト序説」とは、ともに、経済学史の領域にようやく浅い鍬を入れたものである(2)。

そのころの私は『狼煙』をまだつづけていて、文章を書くこと自体にはあまり苦痛を感じなかったためか、右の「解釈」と「序説」とは若年の作品としては何とか読ませるところがあったらしく、それに研究論文に乏しい時代になっていたせいもあって、十八年のうちに伊藤書店から『フリードリッヒ・リスト序説――生産力の国民的体系――』という書名にまとめられ、出版された。しかも翌十九年には再版が出ている。この薄くて軽い本が、私の最初の著作である。

人は死の淵に臨むときにも生への希望に身を寄せるものであるようだから、私が新しく得た親しい友人たちのあいだですこしずつ勉強を進めて、成果のようなものを示したことは、格別の事例とはいえない。しかし私はこうして、かろうじて戦中に出発した研究者だという印象を、人々に与えることになったようである。長年の友人の、社会思想史家・水田洋が、日ごろ私を小林老人と呼ぶのは、一つにはこの事実があるからであろうか。なお、当面の私の小著は書店から「日本学術論叢」と名付けたシリーズの一冊として刊行されたもので、このシリーズには、藤間生大・清水三男・奈良本辰也・戸谷敏之、その他の人々が加わっている。

しかし、これは私が自身の研究歴を省みて大切だと思うことだが、当然ながら私は、処女著作の内容と水準とには満足できず、充足感らしいものも味わえなかった。発見された「事実」にもとづくゆるぎない「真実」がそこに見えているとは思えず、もしもそう思うとしたらそれは自分を偽《いつわ》るものだと考えられたからである。そのころ熊谷も藤田も、健康上の欠陥から召集がないという利点（？）を持っていたとはいえ、着々と勉強＝研究を重ねていた。

熊谷は、家庭的にも職場にあってもしだいに深まる不安をかかえながら、経済理論の国際的前線を倦まずに消化しつつあったし、藤田は藤田で、中村吉治・服部之総・大塚久雄たちをさまざまな意味での導き手として、庄司吉之助さんの助けをも得ながら、わが国の近代経済史の問題点を、福島・会津地方の史料の開拓と分析とによって、解明しようと努めていた。この二人のいまでも著名な戦後の処女著作への道は、それぞれしっかりと辿られていたのである。そのころの私は僚友との競争心などをすこしでも持てる境遇にはなかっただけでなく、彼らに先がけることになった自分の著作が、それ自体、諸領域での浅い蓄積を動員した脆弱な竹細工のようなものだという感触を否定できなかった。

　だが、青春とはふしぎなものである。それは死と隣り合わせ、いっさいの放棄を目前にしながらも、なお生《せい》の自然を燃やしつづける。それは内部から育つものに促されることをやめない、それぞれの個人の時間の流れであり、熟年になってからはどうしても再生できないものである。私は福島と仙台とのあいだをなお幾度か往復して、リストの著作集の一冊ずつを列車の席で膝にかかえながら、霊山が東に壁を成している信達の平野に夕刻帰って来るということを、幾度もかさねているうちに、研究対象とするリストがその主著『経済学の国民的体系』（一八四一年）の翌年に発表した、真にユニークな長編論説「農地制度論」に遭遇して、慌しく書かれたために章節の区別もない、しかも農業史のかなりの知識を前提とする、この論説の訴えるところに、深く捕らえられた。

「農地制度論」は、リスト以後の彼の母国ドイツにあってさえほとんど顧みられず、経済学上の歴史学派も、マックス・ヴェーバーも、そうして大戦直前のリスト著作集の編集者たち＝同時に当時のリスト研究者たちも、揃って軽視した論説であるが、これこそリストの全体系の鍵であり、その主著を奥底で支え、しかもはやばやとドイツ資本主義の将来の破局の淵源をわれわれの世代に知らせる、ロマン主義的な異色作・傑作であった。そうして、私が私なりに受け継いでいた、マルクス→山田盛太郎→大塚久雄、とくに後二者での比較土地制度史的視角が、リスト研究史上にはじめてこれを見いだして、発掘したのである。

「農地制度論」の内容と、そのリスト体系上、ひいては経済思想史上に占める意義とについては、私はそれを正面のテーマとして、しばしば、しかもたっぷりと、戦後の諸論著で書きつくしたつもりであるから、ここではそのための場所を取らないことにする。また、この論説の邦訳も再度公刊している(3)。私は新しい課題に直面して、封建制度末期の西南ドイツの農業についていろいろ勉強したが、それが進むにつれて、自分にとってのリストの全体像の太い輪廓と、西欧諸国の資本主義の各自の歴史的個性とが、ようやく鮮明に、新たに、眼のまえに立ち現れたのであった。

こうして私は、自分がようやく社会科学の一分野での研究者となりつつあることを感じ、とりあえず、まだ未熟なその研究の報告を、「フリードリッヒ・リストの植民論」と題してまた『国際経済研究』に発表した。これは昭和十九年五月のことであったから、私の「召集」＝「出征」のわずか三カ月まえ、日本の決定的敗戦の一年すこしまえ、私の「帰還」のほぼ二年まえにあたる。

右の「植民論」から召集までの短い期間に、私はあらためて「農地制度論」をノートに写し、このときには妻にも手伝ってもらった——お互いに「召集」の予感を深めながら。また、当時の生徒だった木村賢一君（秋田県出身。のちに秋田県内の商業高校の校長を勤めたはずである。上掲の加部君や吾妻君と同期）にも同様に手伝ってもらった。当時私がドイツ語をも受け持たされていたことは前述したが、木村君が楽々と写したノートを見れば、昔日の高商生の学力の高さに感慨が催される。

「召集」直前にこの論文を仕上げたこと、それによって当時の枢軸国の一つ、ヒトラーのドイツの運命を歴史的視点から見通したことに、私はやや充足を感じた。大塚教授からもつよい激励を受けた。私はこうして、学界にいまも生き残っている、ぎりぎりの戦中出発派となったのであった。

千葉県松戸の飛行場に生徒諸君を連れて行き、モッコに土を入れて二人ずつがそれを運んで各所を平坦にするという、近代戦のためとはいえぬ労働をして真夏の汗をしたたらせているところに、召集令状が来たという電報が福島から届いた。私はすぐ、東北線の夜汽車の通路に寝ながら福島に戻り、歯科医に頼み込んでまる一日がかりで歯の治療を受けたのち、型のごとく生徒諸君や群衆に送られて、早朝の福島駅から、目ざす金沢の兵営に向った。妻も母も駅頭には来なかった。「おめでとうございます」という挨拶を受けるのに堪えられなかったからである。

朝霧の晴れあがる福島の盆地を車窓から見つめている私に、中年の乗客が問いかけて、反対側の車窓に現れている安達太良《あだたら》山の名を尋ねた。

（1） 小林、未来社、平成一三年。
（2） 小林『経済学史著作集』IX、未来社、昭和五四年、巻末の「著作総目録」を参照。
（3） 小林訳『農地制度・零細経営および国外移住』日本評論社〈世界古典文庫〉、昭和二四年。同『農地制度論』岩波文庫、昭和四九年、第三刷五九年。

第四章　補　充　兵

1

列車が金沢駅に近づいて浅野川の短い鉄橋を渡るときに、私は手にしていた扇子を川に投げ捨てた。

金沢師団の本拠は当時、旧城内にあって、壕をめぐらし、石垣を築いた区域を占めていた。私の配属されたのは歩兵第一〇七連隊第二機関銃中隊の大隊砲小隊である。大隊砲というのは間接標準による曲射砲で、砲身を斜めに立ててその口から砲弾を落とし込むようになっている。この砲は砲身・脚《きゃく》・床板《しょうはん》の三部分に分解できるのだが、その各部分がそれぞれに重くて、私はそれらの一つ一つを馬の背と両腹とにつけるのが、腰の割れないうちはたいへん困難で、農村から来た戦友たちに助けてもらわねばならなかった。しかしそのことでつよく叱責もされなかったのは、弱兵でもいずれは筋力のつくことを、上級者たちが十分に知っていたからであろう。

この中隊の召集兵たちは、石川・富山・長野、それに飛騨を本籍とする者たちから成り立っていた。ただし、その多くは長く召集を免れていた者たちで、なかには立派な体格の者もいたのがむしろいぶかしかった。つまりわれわれは「補充兵」の部隊で、むろん戦争のこの局面では例外はあるものの、苛烈な戦闘のために期待される兵員ではなかったといえるだろう。それは日露戦争以来、日本陸軍が経験していたところだったはずである。このためわれわれ補充兵は「ホースケ」と呼ばれる習わしだったが、むろん私はその習わしを知らなかったから、営庭ではじめて「おい、そこのホースケ」と呼ばれたのに応答せず、いきなりひっぱたかれたりした。

曲射砲の操作は、間接照準をすばやく定めるという点がややめんどうで、そのため、機械を使うことが苦手の私なのに、インテリ出だというところから大隊砲小隊に配属されたのであろう。しかし当の私は、先方の期待通りにこの砲の操作を迅速に覚え込んだわけではなかったし、そのほかの万事にも無器用さを痛感しないわけにはいかなかった。入隊の当日、まず、古くてくたびれた軍服を渡され、着て来たものは小包にして家に送り返すことになったが、たちまち班長室に呼びつけられて、「お前の荷造りがいちばん下手だ」といわれたし、軍隊では鯡《にしん》が食べられることを食糧難の家族に善意で葉書に書いて、「軍隊のことをシャバに漏らす奴があるか」と、怒られたりした。それに、脱いだ着衣を全部正確にたたみ、その幅をみなきちんと同一に揃えて枕上《まくらがみ》に積み上げるなどという作業は、その見本を示されるとかえって絶望的に思われ、何度叱責されても熟練しなかった。私の「成績」がはじめから芳しくなかったことは疑えない。

しかし、私が営内で特別に目をつけられて制裁の対象になるということがなかったのは幸いに事実であった。その理由は分からないが、後述のように私がこの原隊を離れてから、偶然目にした人事の書類には、私のことを、「言語明瞭、記憶力良好ナレドモ、ヤヤ自尊心アリ」と書いてあった。言語の点は母譲りだろうけれども、「ヤヤ自尊心アリ」は微妙で、自尊心は兵隊に対してはもっとも嫌われるところながら、「ヤヤ」という限定に、私の側の自制と中隊の側の微妙な抑制とが示されているようでもある。

ただ、補充兵のなかにまったく惨めな人たちがいたことは事実である。右手が上げられないという欠陥があるのに召集された者がいて、この兵隊だけは左手で敬礼してよいとされていたが、むろん中隊の外部にはそんなとりきめは徹底せず、彼は営庭では殴られ通しであった。これは兵力がすでに極端に不足していたことの一つの証拠である。また、入営後ひと月ほどのころ、私は下肢に壊疽《えそ》を患らって、数日だけ営内の病室にはいっていたことがあるが、その病室の、私のベッド（といっても藁《わら》布団）の横に寝かされていた補充兵が、昼間に突然大量の吐血をして、その日に死んでしまった。こういう兵隊も入営のさいにはいちおう躰の検査を受けたはずだし、その病歴が彼にかんする書類に記載されていなかったはずはない。

彼のばあいは、文字通りの「員数」として採られたのだったろう。

私は本籍地の長野県には一度も住んだことがなかったし、はるばる福島市から入営して来たため、金沢には——石川県やその近県にも——友人や知人や親戚はまったく一人もいなかった。これはなかなか困った状態で、兵隊もときどきパリッとした服装（いわゆる一装）に着替えたうえで外出させてくれるのだが、私だけは外出しても行くところがなく、目に立つ新兵の軍装で兼六園を散策する気分にもなれず、食事のできる店がまだあるかどうかもまったく知らなかったから、金沢の市中をただぶらつくことになるのには気が進まなかった。そのためいつも外出は断わったのだが、それは休養にはすこしもならずに、或る日などは膨大な量の衣類の洗濯を命じられて、質の落ちた石鹼一つで苦闘したこともある。この水仕事の半端な仕上りを怒りもされなかったのはふしぎである。

兼六園にはとうとう無縁に終ったが、卯辰《うだつ》山には馬を牽いてしばしば登らされ、自然の癒《いや》しを受けた。日本海の浜辺にも出て訓練を受けた。早くから冬に備えて、浜辺に伐ってある木材を運ぶ作業を中隊単位で課せられたこともあって、二人で一本を担いで営内に戻るのだが、木の重さを実感したのはこのときがはじめてである。ときにはこういう運搬作業の途中で空襲警報が鳴って、駆け足での帰隊を命令されたが、このときの苦しさも忘れられない。こういう或る日には私をふくむ十人ほどが隊列から遅れ、営門を閉じられてしまって、大いに困惑したことがある。しかし、結局はなんとかつごうがついてしまうのも軍隊であった。

軍馬の扱いも、未熟なホースケを困らせるものの一つであった。日本軍の運搬作業はまだ馬に頼っており、曲射砲も分解して馬につけて運ぶのであったから、馬は兵器としてたいせつに取り扱われ、兵隊は軍馬への奉仕者でもあった。だから一日の馬の食事と水との摂取量と摂取の時刻とのいちいちは、正確に記入しておかねばならず、それを怠って馬の健康が損なわれたばあいには、馬への奉仕者は陛下の兵器を損なったとして罰せられるのである。ところが、「馬に水飼う」ことは、馬の気嫌にも左右されて、昔から難しいことの一つとされている。「オーラ、オーラ」などと声をかけて指先で容器の水を動かしてみても、馬のほうでは知らぬ顔をしていることが多い。こういうときに嘘を記入はできないから、古兵や班長に事情を訴えても、「そんなことがあるもんか。来てみろ」といわれて、こんどは彼らの「オーラ」なら馬は水に口をつけるのを見せられるのである。軍隊の馬はすれからしで、どうやら奉仕者の肩章を見分けるのであった。こういう馬の口を曳き、馬体に曲射砲を載せ(いわゆる分解搬送)て演習に行くときには、馬は曳き手の油断をうかがい、肩を揺すって横腹に着けた砲身のさきを、私の肩にぶつけて来たりする。これにはかなりこたえる痛みを受けた。

私はもともと動物が好きで、すこしは乗馬の経験もあったものの、この手の馬にはとうとう親しむことができずに終った。だがそれはそれとして、或る日営内で、軍馬の飼育にかかわる実写映画を観せられたとき、一瞬、福島市の家並みとそのうしろの低い阿武隈山系とが映し出されて、そのとき、意外なほどつよく、望郷の思いに誘われたことがある。福島はすでに私の故郷であり、福島市や福島高商の人々は、私の母や妻の近辺に日常の生活を送る、いまは遥かな故郷の人々なのであった。

もう三十歳に近かった私は、日本の軍隊の不条理を毎日体験していたけれども、格別に新たな絶望を感ぜず、その限りでは精神上の安定を保つことができた。しかし補充兵のなかにはもっと若い人たちもすくなくはなく、その人たちは、シャバで培ってきた純粋な愛国心と、人間をただ無感動な獣的兵器に仕立てようとする日本軍の基本的方針の経験とのあいだに立たされて、それぞれに苦悩していた。この、人間から生物兵器への変身は意外に短期間に実現するものであって、私自身も、路上で大きい野良犬を見かけて、ふだんは大好きなこの動物を軍靴で蹴り上げたい衝動を感じたことを、いまでも忘れずにいる。

2

こうして秋になった。或る日、「学歴」のある補充兵たちが班長室に呼び集められて、こんど法律が変わってお前らでも幹部候補生の試験を受けられるようになったから、希望者は申し出よとのことであった。その翌日、この「恩典」を私が避けたことから、隊内での私の成績評価は一挙に悪化したと思われる。私としては敗戦＝終戦が間近いという予想のなかで、安全な道を選んだつもりだったが、軍はけっして甘くなかった。私はすぐに師団から、新編成の海外派遣軍に転属を命ぜられ、金沢市内の東本願寺別院に移された。この編成軍は独立混成第五七旅団補充隊と称するもので、もとの師団としては、海没の運命が予想されるこの編成軍に兵のなかの好成績者たちを拠出するつもりなどはもうなかったのである。だから、成績の良い補充兵たちといっしょに、中隊対抗戦のための角力《すもう》の選手なども原隊内にのこされたのであったし、一方、転属されるわれわれに対して中隊長は、「いいか。ここ一年、わが師団から海外に出た部隊の船で、目的地に着いたものは一隻もないんだぞ」と、冷然とした口調で覚悟を求めたのであった。東別院で渡されたのは新品の夏の軍装で、われわれが南の海に向かおうとしていることは明白であった。

新編成の補充隊には、郷土から再三の召集に応じた下士官たちも集まって来たし、われわれの大隊長もきまった。日銀の金沢支店長だということだった。こうしていよいよ出征が近づくと、その直前に、兵士たちを一度帰郷させて家族と最後の挨拶をさせるということになったが、むろん福島市は金沢からは例外的に遠く、私はやっと家に帰ってひと晩眠りこけただけであった。その翌朝、母は五老内の家に残り、妻ひとりが駅の一角《いっかく》で私を見送ったが、こんどこそは死別だと思いながら手を振り合っているわれわれのあいだに、逆行してくる列車がゆっくりと割ってはいってしまった。――この帰隊のおり、列車内の混乱から万一にも事故が起きて帰隊が遅れてはたいへんなので、二等車（大衆が使うのは三等車）に乗っていたところ、おなじ車輛にいた一将校が立ってきて、彼から「二等兵のお前がなぜ二等車に乗っているのか」と詰問されたりした。

この帰宅で私の出征がいよいよ間近いことを知った母と妻とは、私からの新しい葉書を見て、出征の日の見当《けんとう》をつけ、数日後に金沢まで会いに来たのであった。しかし二人が訊ね訊ねて師団の衛門までたどりつくと、「その部隊はこの早朝に当地を出発しました」と告げられて、それ以上を訊ねる元気も出なかったという。この長旅の帰途、妻は東京の実家で一泊したが、母は高崎の近くの沼賀健次の家に泊めてもらった。夫人しかいなくて、沼賀は再度の入営（?）中であった。

東別院を出たわれわれが南方のどこを目ざすのかは、いっさい知らされることがなかった。軍自体も偶然にまかせたといえるのだろうか。ともかく、列車はまず手取川を渡り、琵琶湖の東岸を下り、京都駅でしばらく休止したのち、やがて門司に到着した。ここでわれわれは別れ別れに民宿し、私はその晩、処刑前夜の死刑囚のようにたっぷり十時間も眠ったが、まだ時間が与えられていたので、当時ちょうど九州帝大の職に移っておられたわれわれ夫婦の仲人の国松先生に連絡することができて、先生は門司まで来て下さり、私は保存していた腕時計を先生にお渡しした。この時計は高校の卒業式の記念である。こうして私はすべての、まだ短い過去と訣別した。

十一月一日に、南航する十隻ほどの輸送船団は本州西端の六連《むつれ》湾に集結し、三日に門司から出航した。それは、前述の佐藤博君が北満の国境から幸運にも内地に転属し、代わってその弟の清君がこの国境に送られて、翌年以後シベリア虜囚という極限の生活を経験することとなったころである。私の部隊の乗船したのは四千トンほどの日永丸《にちえい》という船で、船団には二隻だけの海防艦がつけられた。これは駆逐艦よりも小さい艦である。海上に出れば、そこはすでにアメリカの潜水艦の自由な遊弋《ゆうよく》領域で、ほとんどまったくの敵地であった。九州の島影が没してゆくころ、海上を眺めていた兵士の一人が、「帝国海軍イズコニ在リヤ」と、そのころのアメリカ海軍の司令官が吐いたといわれる言葉を、低くつぶやいていた。

第五章 「戦地」の経験

1

これからは私の貧しい戦歴をしるすことになるが、ここでは、これまでに別のかたちで断片的にながらあれこれと書いたことを(1)、簡略を期しつつもあらたにまとめてみたい。福島はすでに別の世界となる。

ただ、はじめに特記しておきたいのは、この、かなりの規模の船団が、死地ときまった海域に向かう、まったく無謀な、いな無用な、船団だったということである。反攻のアメリカ軍がフィリピンのふところのレイテ島に上陸をはじめたのがすでに十月十七日、これを撃滅する目的で大和や武蔵をふくむ日本連合艦隊の文字通りの主力がボルネオのブルネー湾泊地を出航したのが二十二日、それが空軍の援護もなく、他の友軍諸艦隊との連繋作戦にもことごとく失敗して、決定的損害を受けてブルネー湾に帰錨したのは二十八日。——だから、つづく十一月には南シナ海での日本の制海権は（むろん制空権も）すでに完全に失われていた。この時期にわれわれの輸送船団は、軍用の被服類などを満載し、多数の弱兵を載せて、すでに敵の湖となった海を突き切ろうとしたのであった（しかも、われわれのあとからも別の船団が十一月中に南に送られている。海軍はその敗戦を陸軍に報《し》らせていなかった！）。

この船団のうちの何隻が私のまったく知らなかった目的地に無事に着いたのかは、いまでも分からないし、その仔細は手に入れ易い戦記類にも描かれていない。ビルマはもう総崩れだったし、フィリピンには近寄れもしなかったのだが……。

それはともかく、私の乗船した日永丸は、十一月十五日の深夜にアメリカ潜水艦の餌食となって沈没した。私は奔入する海水を浴びて一時気絶したのち、甲板上で蘇生したが、そのあと、一度は失った救命胴衣を班長から恵まれ、翌日の午後まで南シナ海を漂ってから、ヴェトナム（当時の仏領印度支那）の泊地が特別に派遣してくれた海防艦に救助されて、サイゴン（現在のホー・チミン市）に上陸することができた。そうして数日後、マニラから逃れて来て途中に多くの兵卒を失っていた（日々の労働力の不足に困っていた）南方軍総司令部＝南方総軍に、たぶん学歴をも考慮されて、拾われることとなったのである。日永丸の他の生存兵たちは、サイゴン川の河口のサン・ジャック岬の警備についたが、あの夜沈没を免れた船たちがどこまで行けたかは、サイゴンではまったく知ることができなかった。

自分の輸送船が沈められるとき、私ははじめから死を覚悟した。自分がすこしも泳げない人間、つまりカナヅチであったためである。しかしこの沈没のときの、雷撃と奔水とのショックや、星明かりの下の沈没船上の意外に静かな光景や、しだいに傾斜する甲板の感触などは、それらがシッカリと記憶にとどまっているにもかかわらず、夢のなかに現れて私を戦慄させたということが一度もない。私にはそのときのトラウマがなかったのだろうか。だがそういえば私には、陸上での戦闘のいっさいの場面もまた、夢に現れたことがないのである。

南シナ海での海難の数日まえ、われわれの船団は一夜猛烈な時化《しけ》に襲われ、これもやがて、私にとっては異常な体験となった。山のような暗い波涛の底で回転する船、その甲板を川となって横ざまに流れる水、豪雨の注ぐ船橋《せんきょう》に監視哨として立ちつくして敵の魚雷のつくる白い筋（雷跡）を見つけようと緊張する一時間、意識を保つ努力の極限を感じさせる船酔い――これらの経験はむしろ海没の経験以上に、そのご長く私に海を恐れさせるようになった。そうして、ずっとのちに大岡昇平の『レイテ戦記』から知ったことなのだが、この大時化は、十一月の七日から九日にかけて、日米両軍の死闘がまだ継続しているイレテ島を東から横切った台風の伸びたものだったのである。この台風は、すでに非勢と決したレイテ島の日本軍が、最後の抵抗線としたリモンの丘の上を吹き過ぎて来たのであった。いまでは私はあの海上の激浪のなかに、リモン峠の蛸壷のなかの日本兵の絶叫を聞いたような気がしている。

私の戦闘体験といえば、のちにヴェトナムを北上して、中国との国境近くで越南独立党（ヴェトミン）のゲリラの討伐作戦に加わるようになったとはいえ、きわめて貧しいものであった。いったい兵卒としての私の海外での最初の勤務といえば、いま記《しる》したように、南方総軍での事務要員としての勤務、それも編成班という部署（この班の所属の「部」は忘れた）で書類の浄書とサーヴァントとしての雑務万般とを果たすということであった。その労役は、総軍の接収した、サイゴン市内のリセ（高等中学校）の広い庭の片隅に急造された、ニッパ椰子屋根の大きい兵舎に寝起きし、清楚な廊下でつながれている、内庭の美しい、リセの本館に通って果たされていたので、こういう兵卒たちが戦闘訓練を受ける余裕などはまったくなかった。むろん、兵舎での食卓の用意や掃除などは初年兵の仕事であったが。

走り使いのあいだに、私はリセの本屋《ほんおく》の西側にある広い庭の、十分に伸び拡がった熱帯の樹々や、良く手入れされた南国の花々を楽しむ余裕が十分にあった。それに、兵隊にはときどき外出が許されたので、私たちも植物園を楽しんだり、贅沢なカティナ通りを河港までたどったり、目新しいパパイヤやマンゴーを街角の屋台で味わったりすることもできたのである（ただしそのためのわずかな金《かね》を持とうとして、私は自分の歯の金冠を苦労してはずし、憲兵の目を恐れながらそれを中国人の店で買ってもらった）。日本はフランスに宣戦をしていなかったから、この市域にはまだ、私の母国では失われて久しい平和と豊富とが息づいていて、それが南国の明るい空の下に休《やす》らっていた。

寺内正寿総司令官の統率する南方総軍の高級将校たちは、帯剣官僚として毎日の勤務を果たしていた。彼らはみな、白や薄茶の半襟シャツに半ズボンをパリッと着け、革カバンを携げて、市中で摂収した高級住宅やマンションから、朝も晩も定刻に出勤し定刻に退庁（?）した。彼らの面上を窺っても、敗戦に立ち向かう者の悲痛も落胆も見られなかった。彼らの衣装は革の半長靴にいたるまで、ただ手入れが良いというだけではなく、いつも新品なみだったから、その補給には従卒の手が十分尽くされていたのであったろう。

ただ一人、補充兵の私がたまに二階の廊下ですれ違った寺内総司令官だけは、やや寂しい空気を躰にまとっていたが、これは彼の老いのせいであるようにも思われた。

また、編成班の責任者として中国の戦線から新たに転属して来た、私の直接の最上官の、今井広義少佐も参謀らしからぬ人柄であった。この人は部下との一体感を滲《にじ》ませた苦労人のタイプで、無理をいっさいいわぬばかりか、敗戦という方向を直視していたし、戦線や戦局の動きを平気で部下（といっても数人の下士官と兵隊）に伝えた。もっとも、それは公然とはいえぬ事柄なので、彼はデスクに向かいながら、独り言として、登庁時に電報室で見てきたことへの慨嘆というかたちで、「やれやれ、満州から比島へ送った虎の子の自走砲もみんな沈められたか」とか、「名古屋の三菱の工場もやられたな。もう飛行機は造れないな」とか、いうのである。電報室にはなぜか航空機の損害が搭乗者の名といっしょに報告されてくるらしいので、私は機会をとらえて、海軍の飛行機乗りになっている朽木卓司君（前述）の名前が最近打電されたきていないかを今井少佐に訊ねて、その親切な答えにひと安心したこともある。この人はサイゴンでの私の除隊、つまり現地除隊といわれるものをまで考えてくれたが、さすがにそれは手遅れであった。私自身はこのいきさつについては、感謝はしたが失望もしなかった。敗戦後、長野県生まれのこの人はサイゴンで病没した。

（1）小林『私のなかのヴェトナム』未来社、昭和四三年。同『帰還兵の散歩』（前掲）。

2

そのうち本土の方角では沖縄戦がはじまり、サイゴンの飛行場には空母からと昆明からとの、アメリカの航空機の攻撃が加えられるようになった。それはアメリカ軍のサイゴン上陸の前触れとも推測されたため、日本の仏印派遣軍はヴェトナム全土でフランス軍への攻撃に踏み切り、南部ヴェトナムでは短期間にこれを降伏させたが、北部では戦闘はやや本格化し、新しい「敵軍」は抵抗をかさねつつしだいに中国領内に退却した。こうして、北ヴェトナムでフランスからの独立を計っていた越南独立同盟党（越盟党《ヴェトミン》）のゲリラ活動の、新規の敵が日本軍となったのである。私はリセの中庭に自分用の蛸壺を掘らされて、そのなかでグラマン機による爆撃の音を聞いたり、またおなじリセの本屋《ほんおく》の石の廊下に一晩中横たわって、フランス軍に向けた友軍の砲声を聞いたりしていたが、やがて総軍はサイゴン東北部のジャーデン地区に移ることとなった。ジャーデンはサイゴンの古名で、総軍はこの地区の深い森のなかのいくつもの高級な住宅に分散・疎開したのである。こうして私も、なおしばらくは静寂な環境と、とくに美しい、森かげの庭の月光とを楽しむ時間を持った。

このころ、私には一つの願望が萌してきた。もしサイゴンがアメリカとの地上戦の場と化するのなら、私はさきのマニラでの総軍勤務の兵隊たちと同様に、いずれはさっさとサイゴンを離脱する高級参謀たちに捨てられ、ろくな武器も持たぬ雑兵として、戦死するというより殺戮されるだろう。それならむしろ、正規の戦闘集団である、まだほとんど無傷の仏印駐屯軍に転属の機会を得て、ふつうの戦死を遂げたいという願望である。要するに私は、一雑役兵としてではなく、戦闘員として死にたかったのである。これはつまりは、若い私の見栄のようなものだったのであろうが。

私のこの願望は、総軍の参謀部の直接責任者だった美山《みやま》という大佐の、内地への転属に際しての別辞をじかに聞くことによって、はじめて自覚されたものであった。この、立派な体躯に迫力を備えた軍人は、いわゆる本土決戦に備えて、陸軍大学でのその優秀な成績のゆえに、官僚人事の一環として内地に呼び戻されることとなったのであり、つまりこうしてまた昇進したのである。ジャーデンへの疎開のまえにリセの内庭でおこなわれ、兵隊の私も外側でこっそり聞くことのできた、この大佐の挨拶は、すっかり紋切り型のものだったが、そのなかに「自分は諸氏の助力によって大過なく任務を果たしえたことを感謝する」という言葉があったことに、私はショックを受けないわけにはいかなかった。全面敗北をすこしも支えることのできなかった責任者の一人からこの言葉を聞くことは、私にはまったく予想外であった。私は官僚というものの本質をこの大佐のこの一言から知り、思いをさらに、マルクス主義を掲げるソヴィエトでもかならず支配しているはずの官僚制にまで及ぼして、広くイデオロギーの支配する社会の虚しさを悟らぬわけにはいかなかった。

ちょうどそのころ、これもジャーデンに疎開するすこしまえのことだったが、仏印派遣軍で新規に（臨時に？）現地で幹部候補生を募集することとなり、総軍所属の兵隊も、資格の所有者はそれに応じることができるということになった。当時の仏印派遣軍はハノイやサイゴンに進出していた日本の青年たちのいわゆる現地召集をおこなっていたから、それに応ずる幹部の急造も必要だったのだろう。私が育てていた願望にとって、それは幸運な機会であったから、私は総軍での数人の戦友といっしょに、ともかくも手続きをすませた。金沢の師団での成績をしるした書類が海中に失われたおかげもあってか、私は簡単な第一次の試験になんとか合格し、現地の軍に転属することになった。ただしこのとき、年上の戦友の希望を容れて、定員に枠のあった経理への志願はとりやめたし、大隊砲小隊の出身という経歴も消えてしまった。

はじめ私は——兵隊はいつでも肝心なことは何も知らされないから——、転属先をサイゴンの現地軍だと思い込んでいた。しかし命令は北ヴェトナムにある連隊に向かえというものだったから、私はいよいよ覚悟をきめて、七人の戦友たちといっしょに、サイゴンの駅からまずハノイに向かった。それは十九年の四月早々のことで、私はジャーデンの道に出て、今井少佐がサイゴンへの帰宿のバスを待つあいだ、少佐から厚い犒《ねぎら》いの言葉を受けた。

サイゴンからハノイまで、われわれは四等車で汽車旅をしてまる十日かかった。途中の鉄橋の多くが爆撃を蒙って破壊されていたからである。われわれ一行はこの旅中で、持ち金の不足に悩みながらも、わずかな自由と旅の感傷とを味わったが、列車が北に行くにしたがって、目に入《い》る風物に貧しさの増してくるのをハッキリと感じた。われわれはハノイに一週間とどめられたのち、ようやく、第二一師団の第六二連隊（討兵団の正部隊）に配属されて、まず、トンキンの平野を潤おすソンコイ川の岸を汽車でさらに北上し、中国雲南省との国境のラオカイに至った。ここに、作戦中の正部隊が当座は本部を進めていたからである。われわれはこの地でそれぞれの中隊に分散・配属され、私は第二機関銃中隊——それは曲射砲を持っていなかった——の駐留していた要衝イェンバイに戻り、さらに部隊の本拠ヴィンエンに到りついた。ここには、立木のない草の連丘の上に、広い土地を使って一階建てにし、床をセメントで固めた、連隊の兵舎が散らばっていた。

3

みずからこころざして北ヴェトナムに移った私の見聞のうち、つぎのことだけは最初にしるしておきたい。これは一つの証言である。

　ソンコイ川のつらぬく、当時のトンキンの大平野は、前年来の飢饉によっておびただしい餓死者を出したが、そこにさらに、私の目にし私の徒渉した大洪水が起こって、目を覆うまでの惨状を呈していた。このときの死者の数や、その原因については、いろいろの説もおこなわれているが、日本の起こした戦争自体が最大の原因だったことは疑えない。トンキンでは米の三毛作をさえおこなっている地帯があるにもかかわらず、多数の人口に応じるだけの生産力がないために、年々中国と南ヴェトナムとから主食を輸入しなければならなかった。日本の兵隊たちはしばしば、トンキンの農民はろくに働かないと歯がゆがったが、貧しい農民たちには、働き疲れるほどの土地もなかったのである。それが大規模の戦争によって、例年の米の輸入ルートを断たれたのであった。日本軍による、米の強制収用や、またジュートなどの作付けの強要が、米の不足を大きくしたことは事実だが、北ヴェトナムの日本軍の数はおなじ地域の人口に比べればそれほど多くはなかった。飢饉が生じても不足分の補給をすることのできなかったという事実こそ、その悲惨事の最大の原因だったのである。

　私は大飢饉の惨状をこの目で見たから、飢饉の事実自体を消そうとしたり、さかしらに小さいことがらにその原因を帰そうとしたりする言説を、すべて信じない。サイゴンからの列車が北上してトンキンにはいるとすぐ、私はヴィン市で尨大な数の飢民たちに出くわした。それらは農村から来た人々で、都市には備蓄があると思われていたのでもあろうか。飢民たちはたいてい家族単位で街路を埋めていたが、どの家族も、汚れた褐色の衣服をまとい、飢えて瀕死の成員をかかえており、そういう群衆のあいだをすり抜けるときにその衣服に触れた瀕死者が、帰りにはもう死骸となって家族が号泣しているというような光景に、しばしば出遭わねばならなかった。市の大八車は、それこそ大車輪でこれらの屍体を積み上げて焼場へ往復していたが、ときには死者と思われた者が車の上で腕を動かすのが目撃された。死臭も街上を流れていた。

4

前記のように、私は国境のラオカイまで北上して、そこからさらに北に、穏やかに起伏しつつうち重なる雲南省の山並《な》みを眺めたが、そのときは、この雲南の西の果てにビルマから日本軍がはいったことも、そこで孤立して全滅したことも、知らなかった。それをシッカリと知ったのは戦後のことである。

しかし、やがて北ヴェトナムの山々をゲリラの討伐をつづけながら踏み歩くようになってから、私は、故国の家族や友人たちにその場所も状況も知らされずに死ぬということのいいがたい淋しさを、ようやく嚙みしめねばならなかった。ソンコイ川に東北から注ぐクレール川に臨んだ、優雅なフランスふうの小市チェンクァンにしばらく駐留していたころ、小さい丘の上で対空監視哨として四方に目をやっていると、遠く近くの山々には少数民族たちのいとなむ焼畑の煙が幾筋もしずかに立ちのぼり、真上の濃藍の空からは早朝に上昇したカボックの白い絮《わた》がいくつもいくつもゆっくりと下がってきて、それは大陸の奥地でなければ見難い眺めであったけれども、かえって、異郷に人知れず死すべき者の孤独を深く味わわせるのであった。

そのころになると、南方総軍でデスクを与えられていた兵卒という地位がどんなに恵まれたものであったかということが、痛いほど分かってきた。ヴィンエンの連隊では、私は転属を重ねてきた孤兵であり、しかも海没のおかげで素性もたしかめにくいインテリ兵であり、所属小隊では他所者《よそ》であった。軍靴と防毒面（ガスマスク）とをもらいにいって、兵器係の軍曹から、「小林という者はこの隊にはおらんぞ」と突き放されたこともある。私は、いわば不備のパスポートで国々を廻らざるをえない旅行者であった。

そのうえ、私はこのヴィンエンの兵営で幹部候補生の第二次試験を受け、乙種候補生、つまり下士官の候補にしかなれなかった。もっとも、これは当然で公平な結果であった。私は先述のように主計ではなくて一般兵科の候補者を望んでいたのだったため、そのかぎり、ハノイで召集を受けた現役のなかからの若々しい競争者に比べて、すでに体力・運動能力の点で劣るだけでなく、即座の記憶力の点でさえ一歩を譲らなければならなかったからである。眼前の短い坂の上まで手榴弾を投げる試験で、すでに肩をこわしたことのある私の手榴弾が手前に転《ころ》げ落ちてしまい、「小林、戦死」と、簡潔で笑いを誘う判定を受けたこともある。また、南国の星座の識別などは、若い人たちは私と違って、一度の教示で頭に刻み込むことができるのであった。

しかし、このときのいわゆる乙幹に対しては、必要とされる教育を戦闘のあいだに与えるという臨時の決定が下されてしまい、その結果、幹部候補生としての私には特別な待遇は何ひとつ与えられず、結局、敗戦ののちまで、年次を重んじる軍のなかで実質的には正真正銘の一兵卒として過ごしたのであった。ただ、堅固な官僚組織としての軍は、さすがに私の昇進を忘れず、乙幹の私は一等兵になったが、なにぶん作戦中の中隊には新しい肩章の届くのが遅れ、私は私ですでに一等兵だと思っていたので、まだ二等兵の肩章を着けているのに古い一等兵への敬礼をうっかりして、擦れ違いざまに思いきり殴られたことがある。そのときの痛さはこたえた。

しかし、兵卒としての私は、以後、わずかながら戦闘の経験を持つことにもなったし、そういう日常での若い「戦友」たちの善意にもジカに触れることができた。ゲリラとの小ぜりあいの直後に、次の戦闘を予測して、安全栓を外してしまった手榴弾を手摑みにしたまま行軍するというようなこともあったし、山間の一部落に到達して、敵兵のいるはずの「この先を見て来い」と命ぜられ、ぼんやりと一人で深く進みすぎて、あとで烈しく叱責されたこともある。ジャングルのなかから狙撃されて一、二名が仆《たお》されるのはいつものことであったし、したがって惜しい若者の屍を当座の基地に運んで焼いたこと、それが焼きつくされるまで夜通し警備する「屍《しかばね》衛兵」を勤めたことも、たびたびあった。もっとも私は、善意に解すれば年長であることが考慮されたためであろうか、一日単位の討伐行のときどきには、前夜に、「小林、こんどはお前も連れていくぞ」といわれたりしたものである。

若い戦友たちはハノイで働いていた者が多く、補充兵とはまるで違って、元気でしかも一身を顧みず、おそらくは老兵と見えた私を肝心なときどきに助けてくれた。幾日もの行軍の終りの暮れがた、私の脚がとうとう部隊の後尾から離れてしまい、敵地の弧兵という意識のなかでやっと歩を運んでいるときに、こういう戦友の一人が走って引き返してきて、「小林さん、銃は俺が持つから」といってくれたこともある。そのときは、この戦友の善意とすばらしい元気とだけで、私の脚が蘇ったのであった。

こういう討伐戦のあいだに、私は自分の生涯に刻印を打つこととなる、つらい経験を強いられることになった。

美しい小市のチェンクァンに達した討伐隊は、清朝の末期にクレール川沿いにトンキンにはいったいわゆる黒旗兵の築いた城の跡を、駐留の場所とすることになった。そこは、あとでハノイから進出してきたフランス軍が、古い城壁の囲む広大な地域を担《な》らして、さっぱりした司令部や兵舎や付属の建物を築いており、それをこんどは日本軍が占領したのである。さきに書いた「小さい丘」さえそこには取り込まれていた。しかし討伐隊のまえにすでにここを使った日本軍は、いくつものガソリン缶を、城壁の外のやや離れた草地に、窖《あなぐら》を掘って保管しており、それは空爆などに備えたからであったろう。ところが、そのガソリンが夜なかに少しずつ盗み出されて、有力な対策も見つからぬまま日が過ぎていたのである。

或る夜、裏門の衛兵に立っていた私は、ガソリンの匂いが闇のなかをかすかに流れて来るのに気づいて、厩当番兵をつうじてそれを表門の衛兵所に伝えることができ、ヴェトナム人のガソリン盗人が三人捕らえられることとなった。それからは私は監禁中の当の盗人たちに食事を運んだりもしたが、数日後、この三人は裏門の外で処刑されるという決定が下り、その実行に私が加わること、具体的には彼らの坐らせられているまえに彼らの墓穴を掘ることが、命じられた。そうしてこの処刑＝刺殺の一部始終は、チェンクァンの幾人もの男女の住民たちが黙って見守るなかでおこなわれたのである。これらの男女のなかに被処刑者の家族たちがいなかったという保証は、当然ない。

私はいまでも、外地で日本の兵士たちに加えられた、戦犯としての処刑が、多くは不当なものだと信じている。しかし、このときの刺殺への私の参加の場合はどうだったであろう。私はトンキンで戦闘をおこなっていたために、敗戦後にそこに進入して来た蔣介石軍の方針のおかげで、個人としての戦争犯罪を問われることがなかった。とはいえ、大げさないいかたでむしろうしろめたいが、この日以来、私は自身の分けもつ戦争責任を忘れ去ることができずに生きてきたのであった（しかし他方で、これもふしぎだと思われることだが、この処刑の場面もまた私の夢に現れない)。ともあれ、私が社会科学の一研究者としてそのご六十年も生きつづけたあいだ、何によらずイデオロギーというものを(とくにマルクス・イデオロギーを)、他者に、とくに生徒・学生諸君に説くことが絶えてなかったのは、南方総軍で聞いた美山大佐の告辞と、チェンクァンでの処刑への参加とが、つよい記憶として私の内面に刻み込まれたからであろう。これ以上の思想的分析を、ここでおうなうつもりはない。

一方、討伐行が長びくにつれて、中隊の戦友たちのなかでの最年長の私の位置に、だんだん変化が生まれてきた。相変わらずの乙幹一等兵でありながら、いよいよ影の深くなった戦局の帰趨とともに見えてきた終戦の時期などについての私の予想は、耳にはいるかぎりでの情報、たとえば日本での内閣首班の交代などを、乏しいながら過去の日常に蓄えた社会科学的・ジャーナリズム的知識にもとづいて分析した結果であったから、戦友の多くが耳を傾けるようになった。彼らは自発的にハノイあたりまで渡って来て、いろいろな職業に就いていたから、若いながらも自立的で鋭敏な判断力を持っていたうえ、一面では敗戦後の自分の仕事の処理をも考えねばならない立場にあった。それに、私は彼らに、近代では敗戦がそのまま敗戦国の消滅やその国民の奴隷化に終るものではないということをも、機会を捉えては説明していたから、彼らは個々人として私の判断と観測とをさらに聞きたいと思うようになって来たのである。

或る夜など、こんどは表門で衛兵に立っている私の背後で、カサリと音がするので低く誰《すい》何《か》する（「誰か、……誰か、……」という。三度までが限度）と、こういう戦友の一人がベッドから抜け出して来ていて、声をひそめて敗戦の日を大まかに限定してみてくれと、木陰からいうのであった。こういう場合のすべてで、密告者を恐れる必要は私にはすこしもなかった。兵士たちはもう、古兵も一等兵も、広大なアジアへの侵略の徒労と無意味とを、肌で十分に知っていたのである。

5

六月になると北ヴェトナムは雨期にはいって、チェンクァンも青空を見ないようになった。山歩きの討伐の多くがあきらめられたが、私は一個小隊ほどの兵力で、クレール川のやや下流の、川筋が急角度に折れ曲っている、その内側《うちがわ》の陸地の突端部に派遣され、対岸からのゲリラの進入に備えることになった。そのときの雨に閉じ込められた一部屋だけの低い孤屋の息苦しさは忘れられないが、そこでは暇な時間が多くなったから、私は手製の小さい、薄いノートに、鉛筆で、進めるべきリスト研究の段取りを書きつけていたりした。私はそのはかない作業を、まったく無駄な暇つぶしだとはもう思わなかった。カオバン、ランソンなど、チェンクァンから北に通じる広西省との国境での日本軍の前線はようやく苦戦を強いられており、中国軍の厚みと積極性とは日ごとに伝えられて来て、やがてクレールの川谷からの全日本軍の撤退も私には確実だと思われていたが、それはすくなくとも南方派遣軍全体の孤立化と無力化とを、そうしてそれにつづくべき日本の降伏を、私に予想させることだったからである。このころから私には生きる希望——それは生きて帰れる希望とはまだおなじものではなかった——が、かなりはっきりと生まれて来たように思われる。

　われわれは雨中、岬の川を曲がって上下するポンポン蒸気船を止めて点検したりしていたが、やがてクレールの水かさは急にふえて、小隊のとどまっている岬がその根もとで川水に横切られるようになってしまった。われわれには救助の船が来てくれたが、戻って見るチェンクァンは、川沿いの街道にすっかり水がのぼり、その水は街道に面した城門にまで迫っていた。この懐かしい、またつらい経験をも強いられたチェンクァンの街を撤収してハノイの方向に戻り、トンキン平野の北端に聳立するタムダオの山に先遣隊として登れという命令が出たのは、それからまもなくのことである。

　タムダオの山は海抜一四〇〇メートル。ソンコイ川の左岸、大平野の奥に立つ弧山としては筑波山をはるかに凌ぐ山容を示している。その頂上近くにフランス人の造った清楚な避暑街を抱え込み、そこから見おろすトンキンの国の光景は豪宕《ごうとう》で、街外れの急斜面に立てられたヴェトナム総督の夏の館《やかた》は、支配者フランスの意思を示しつつ、壮大な外観を見せていた。

　この山上の町には立派な自動車道路が届いていたが、その距離は長く、またわれわれは山裾の遠い道のりを歩いて来たのちに雨中を休まずに登らねばならなかったから、兵隊の行軍能力にとってもそれは容易なことではなかった。しかし、ふだん弱兵の私は、ようやく脚力もついていたとはいえ、いつのまにか隊伍の先頭に立って町の入口に達したのであって、それは私のなかで、戦争の終結がいよいよ近いはずだという確信が、いっとき肉体の力となったためであろう。さしあたってのわれわれ先遣隊の任務は町の真下《ました》にいくつかのトーチカを築くことであって、それらは、やがて中国との国境から退いてくる友軍の諸隊のためのものであると説明されたが、そういう撤退と集結とが、さらにそれに対する中国軍の正面攻撃が、広い出水《でみず》のなかで本格的に始まるまでにはかなりの時間的余裕が予想され、そのあいだに日本の本土が手をあげるだろうと、私は太平洋戦争の全局を考え合わせたうえで判断したのであった。

タムダオの山上の町は朝晩深い霧に籠められ、その時刻には町の奥にある滝の音がとくに高く響いた。われわれは瀟洒な小別荘に数人ずつ分宿して、家庭というものの残り香を味わっていたが、霧の晴れる昼間には一面に水没した広大なトンキン平野が見渡され、洪水をもたらしたソンコイ川の川筋さえわずかに識別されるほどであった。むろん、飢饉はつづいていたのである。不慣れなトーチカ造りはなかなか進まなかったが、私は「ここを墓場と思え」という若い将校の叱咤《しった》を聞き流しながら、自分の一身がすでに大きな重荷を下ろしつつあることを感じ、この山の麓から、もう明日にも、戦争は終わったという報らせが届くのではないかという熱い期待が胸に拡がるのを自覚していた。

ドイツの敗戦を私はすでに、ヴィンエンの兵舎にはじめてはいるまえに聞いて、ゲーテの国の民衆の今日《きょう》と明日《あす》との運命をわが身のそれと重ねながら、深い思いに閉ざされた一晩を持っていた。それが、この山に来てからはフランス軍の捕虜たちの世話をも任務とするようになって、町の入り口の大きいホテルに彼らを収容していろいろな接触をしているうち、彼らの態度が或る日から微妙に余裕のあるものに変わったことを感じたので、彼らに決定的なニュースがはいったのだということが推測できた。猫まで抱いて山を登って来た者もいる彼らだから、そのなかの誰かが小型のラジオなどを持っていると思ってもすこしもふしぎではなかったのである。それに日本軍はこの避暑街の家々に、傭われていたヴェトナム人の残ることを、いろいろなばあいに許してもいたから、彼らがフランス人の捕虜たちと連絡をとることも容易なはずであった。

ついでとうとう、原爆投下のニュースよりもさきに、ソ連の満州侵攻のニュースが山を登ってきた。日本のいわゆる満州軍の装備がフィリピンに送られてもうカラ同然になっていることを、私は総軍の今井少佐に知らされていたから、これは決定的なニュースであった。兵隊仲間の夜の評定でも、もはや日本は戦えないと断言する者が出てきた。そうしてたしか八月十六日の日暮れどきに、われわれの山上部隊の本部から顔見知りの老兵が来て、「この家にラジオは残されていないか」と訊くので、「何に使うの?」と問い返すと、「なんでも陛下の御放送があるとかあったとかで、それを直接知りたいといっていたよ」という答えである。

私はその老兵（補充兵）の肩に掌を置いて、「とうとう終ったね」と、戦友たちの環視のなかでいった。

その翌日には、ハノイから「玉音放送」の原文の正確なコピーが届いて、部隊では将校や下士官の態度が一変した。十八日になると、タムダオでのわれわれ先遣隊は、霧の流れるテニスコートに整列して、「玉音放送」が寺内南方軍総司令官の告示とともに読み上げられるのを聴いた。

それから数日のあいだに、われわれは小部隊ずつに分かれて山を下り、私の部隊はひとまずヴィンエンに戻った。

6

いっきょに敗軍となったわれわれは、タムダオの山上で暇な数日を過ごしたあと、なすべき尨大な、しかも危険な労働に直面した。

――各拠点に少数ずつ分散している部隊への敗戦の知らせと、ヴィンエンへの集結命令の伝達。その任務は私をも加えて洪水のなかを裸で渡っておこなわれ、その途中、舟を利用するヴェトミンと遭遇したこともある。このときは彼らが敗戦の日本兵を冷静に無視したことであやうく難を免れた。ヴィンエンの兵営に貯蔵してあった米やカンパンや砂糖などの袋を運ぶための行軍。これらを肩に川舟まで踏み板を渡ることはたいへんむずかしかった。ホー・チミンによるヴェトナム独立宣言のおこなわれた直後のハノイを通過してさらに南方への移動。このあいだに、日ごとに敗軍の実感は深くなった。

ついでチョーガンという、アンナンの南の境の台地での自活生活。ここではわれわれは苛酷な開拓地の農民となった。やがて年の末になって、平野の部落テンホン（フンイェンの町の望まれる近郊）への再移動。自活生活は打ち切りとなり、望郷の思いはいよいよ深くなった。年も変わった。召集された私にとっては第三年目である。三月、川船を利用しての、海港ハイフォンまでの最終の移動と、アメリカ製のリバティー船への収容（乗船）。激浪のバシー海峡を経て十日かかった帰国の旅。——これらの転変はすべて中国の蔣介石軍の指令に従っておこなわれ、敗軍の兵卒としての私は、また新しい運命に従わせられたのであった。

トンキンでの捕虜の生活は、南下して来た中国軍が国際法を重んじたうえ、細かい心くばりをも示してくれたので、まったく屈辱感を免れることができた。蔣介石軍はできるだけわれわれの前に姿を示さないようにしており、チョーガンでの武装解除のおりも、こちら側だけで兵器を荷車に積み込み、指定の場所に運んでことが済み、あとで自衛のために数挺の小銃を貸してくれたほどである。中国軍はまた、北ヴェトナムでの戦犯という問題をすこしも持ち出さなかった（南ヴェトナムにはいったイギリス軍とこの点で区別される）。

チョーガンでの、中隊単位の三カ月足らずの秋期の自活生活はなかなか厳しいもので、われわれはニッパ椰子屋根の大きい住居の建設からはじめて、深い雑草に覆われた土地の開墾、畑づくり、炭焼き（これは商品生産）などを間断なくいとなみつつ、その一方では、マラリアを媒介する無数のアノフェレス蚊を防がねばならなかった。こういうばあいのわれわれの同胞の手工的技術の優秀さを、私ははじめて目のあたりにして驚嘆した。大きい屋根の仮屋などは、私の受け持ちは近くの棄て畑の麻の皮を剝いで、竹柱を結び合わす細縄の材料を供給するにとどまったのに、全体が数日で立派に完成してしまった。その内部には高床も作られた。便所は隔離した場所に用意されたが、穴の極端に浅いヴェトナムの便所とは逆に、深い穴を掘ってその途中に羽毛を挿し込み、故国でむかし貴族たちのつかったような、上等な設備が用意された。——もっとも、そこでの蚊のむらがりは避けるすべもなかったが。

だが、かんじんの食料自給は、野菜についてだけしか達成できず、われわれはヴィンエンから運んだ穀物類に依存しつづけていた。それはむろん、収穫までの時間が足りなかったからだが、それとは別に、こういう農作業一般について、若者揃いの軍隊の組織でも、農繁期の農家の労働の量をこなしきれなかったからである。朝六時の起床、つづいて整列・点呼、食事、ふたたび整列、畑への行進、といった秩序が、そのころの日本の農家の、朝《あした》には星を仰いで出、夕《ゆうべ》には星を戴いて帰るという、極限的な労働のしかたに、効果の点では及ばないことを、私は知ったのであった。私はここから、当時のソ連の集団農場に——そこでの機械化の点は別として——おのずから批判の目を向けるようにもなった。

前年からの飢饉はまだ深刻につづいていた。チョーガンは古生代の地塁が断《き》れぎれに岩山を成して取り巻く一種の高原地帯で、そこからは水没した平野が見渡され、ところどころにカトリック教会の尖塔だけが目につくという光景であった。この尖塔が水面下の村の所在を示すのである。農民たちは水の上に小舟を浮かべてともかくも働いていたが、その様子が、魚を釣るというよりもむしろ貝などを探しているように見えた。

こういう状態だったから、われわれの生活する台地の周囲には、躰を売って飢えを凌ごうとするヴェトナムの女性たちがだんだん集まってきた。そのなかには嬰児を抱いている女も、ずいぶん遠くから流れてきた女もいた。彼女らは一様《いちよう》に例の褐色の古びて傷んだ農民の服を着ていて、銘々に昼間の丘を登ってきては、日本軍の兵卒＝捕虜との短時間の商売をするのであった。

部隊ではこうした事態への対策に苦慮することとなったが、結局、長い杖を一本だけ持って丘を一周する監視兵という役柄がつくり出され、私はどこが信用されたものか、この役目を命じられることが何度もあった。台地をゆっくり巡回するのにはかなり時間がかかったから、それは精神的にも一種の休養ではあったが、この「勤務」中に私にできることといえば、草むらの陰でこっそりコトを済ませて、しかも金を払わない兵隊に、やんわりと私の権限を示して、はじめの契約を履行させることぐらいであった。

しかし、われわれが異界めいたチョーガンを引き払って前記のテンホンに移るにあたって、ソンコイ川の支流の船着き場まで、日常の炊事道具その他をいっぱい持たされて歩いたとき、どこからか台地での私の「顔なじみ」の女たちが現れて、私に並んで私の荷を運んでくれたのであった。私は落魄の思いと親昵《しんじつ》の感傷とを、しばらくは同時に味わい、それは忘れられない一時《いっとき》となった。

仏印駐屯軍の貯蔵食糧は、われわれがテンホンに移るころにはさすがに不足を恐れなくてはならなくなり、しばらくは粥《かゆ》食で辛抱したこともあった。しかし、乾いた平地に竹柵をめぐらせたわれわれの新しい居住地の周囲には、「捕虜」の残飯を求める人々が群がったのである。

7

捕虜としての日本軍の生活が多くの労働を必要としなくなり、それにつれて各人の望郷の思いが切実に深まると、いつ帰国できるのかという問題が最大の関心事となって、隊内でもそれについてのいくつもの推測が飛び交った。そのなかには、敗亡の故国にはもはや数隻の大型船しか残っていないから、それらをフルに稼働させるとしても、海外の日本軍がすべて帰還できるまでには十年はかかるだろうなどという、数字を根拠とするように見える憶測もあったから、部隊のなかの空気が荒れはじめ、新たな脱走兵も出るようになった。新たなというのは、ヴェトナムでは兵隊たちと現地の民衆との交流は一般的には穏やかなものであったから、そこにさまざまな恋愛も生まれ、敗戦直後にも脱走兵がかなり多かったのである。われわれ捕虜は、日本軍と中国軍との双方から月給（?）を受けており――蔣介石軍はこの点でも国際法を遵守した――、またわれわれには、特別の情況のもとでは町に出てその金を使う機会もあった（!）から、私と或る町の小商店主とのあいだにつぎのような会話が交わされたことも、事実なのである。ちなみに、私はヴェトナム北部の各地を歩かされているうちに、現地の人々との簡単な会話ならできるようになっていたのであった。

「お国はボンブ・アトミックで潰滅したようだが、帰っても大丈夫かね。」

「…………」

「いっそうちの娘といっしょにならないか?」

「俺には故国《くに》に女房がいるんだよ。」

「ほう。離れて何年になる?」

「足掛け三年だ。」

「それは気の毒だ。……なにね、この国では三年も別れていれば女もすっかり自由な躰になるんだよ。」

私はヴェトナム人の善意に触れるばあいが多かったが、この小店主の言葉の真意は、推測してもしかたがないと今も思っている。

ともあれ私は、隊内に拡がる帰国の時期や手段の憶測にまつわる動揺を鎮めるように努力をつづけた。私はデマを打ち消して言い続けた。「今の戦争は昔とはいろいろ違うんだよ。ともかく、戦争が終ったら、それまでの敵国同士でもまたお互いに付き合いや商売を始めなければ、勝った方でも損というものなんだ。俺たちが日本に帰るためには、きっとアメリカさんが船をまわしてくれるよ。やっこさんたちは空船《からぶね》が余って困っているはずなんだ。こちらのお偉方《えらがた》には、だんだんに情報もはいっていると思うよ。」そうして、戦友たちからはじめはまったく信用されなかったこの私の推測は、年が改まってから、アメリカのリバティー船の第一号が日本軍の復員のためにハイフォン港にはいったという報らせによって、確認されることとなり、私の予言の信頼性は、敗戦直前のころにも増して高まったのであった。むろん私自身の望郷の思いも、予言者の立場とは別に、激しいものではあったけれども。

こうして私は、テンホンに移った自治的捕虜集団のなかでは、だんだん特別な地位を占めるようになる。准尉からも大事に扱われて、隊内での安全性も獲得できた。これは二十一年の正月に、日本の駐屯軍司令官が、各隊から随意に感想を募って提出するようにとの指令を出し、私の中隊の出した私の即興の詩が司令官の感動を誘ったとかで、「小林という兵隊をたいせつに扱えといわれたそうだからな」と、当の准尉が囲碁を打ちながら漏らしてくれたことであった。この詩はもうほとんど忘れてしまったが、亡父・母・若妻・友人たちのそれぞれに宛てた四つの節の、文字通りの望郷の詩だったという記憶はある。

私はこういう、いちおうは恵まれた立場で、中隊の楽しみのために単純な芝居の脚本を書いたり、戦友たちの帰国後の職業についての相談に、自信のないままに応じたりしていた。軍隊とは妙なところだと感心（？）したことだが、碁盤・碁石はもとより、羽織や袴というものまでを外地でも保存していて、簡単な芝居の道具には存外事欠かなかった。他方で私は、農村出の戦友の多くは、帰国しても生家はもう兄夫婦の代だから、二、三晩しかそこには泊まれないという事情にあることを、教えられたりした。「小林はカーチャンのところに帰れていいなあ」というのが、胸に沁みる彼らの歎きであった。

そうはいっても私は、当時のいわゆるマッカーサー昇進でそのころには伍長になっていたけれども、年次が優先する軍の社会では、古い上等兵などから見れば、実質的には下級の兵隊にすぎなかった。衛兵所の古兵に食事を運んでいって、「おお班長さんすまねえな」などといわれていたのである。また一時、アミーバ赤痢の疑いが私に出たときには、幸いに軍医が保存を自慢していた新薬で症状は消えたけれども、そのごも長いあいだ、大きく罅《ひび》割れのはいった、しかも不潔なしみのついた、文字通りの乞食茶碗をあてがわれて区別されていたこともある。

病院といえば、テンホンでの無為の滞留期間にトンキンにはコレラが流行して、隊内にも数人の死者が出たことがある。彼らが柵の外で生水《なまみず》を使ったのが原因だということであった。こういうコレラ患者たちは、柵外の空地に並んで飛び飛びに建てられた仮小屋に一人ずつ隔離されて、絶命すると遺骸を小屋ごと焼かれるのである。われわれはその焼け落ちる小屋に向って柵内で整列して、いっせいに敬礼を命じられ、そのあとで、「お前たちはあんなになるんじゃないぞ」と説教されるのであった。

私の望郷の思い、妻や母や友人たちに再会したいという願いは、福島市は焼かれなかったろうという判断からも、日ごとに激しくなっていた。北五老内町の私の借家は、移り変わる周囲の四季の風物といっしょに、つねに映像となって私に迫り、私はそれこそ痩せる思いをした。ことに、熱帯に起き伏ししてときどきの日本の風物を——心のなかで季節を自由にきめながら——思い描くことには、いい知れぬ切なさがあった。しかし、戦争や戦地にかかわる夢として私が帰国後にくりかえして見るものは、敗戦で軍の組織から解放されて人々はみな自由になったはずなのに、自分はまだ兵営にいるという場面であって、それがいろいろなヴァリエイションのもとに現れるのである。先述のように、海没の場面や戦闘の場面はけっして現れない。この、自由を不条理に奪われているという感覚は、いつもたまらなくつらくて、夢のなかで私をもだえさせるのである。

このように、私の「捕虜記」は例外的なものであって、捕虜という立場にあってなお軍の組織と紀律とを保ちつづけた集団のなかの一兵卒の気ままな記録である。中国軍の選んだこの措置は、必要からであったはずだが、また賢明なものであって、彼らは戦後処理の労力を大いに節約できたはずである。われわれは一度だけテンホンで、監察の中国軍将校を迎えたが、彼は下士官も兵卒も伴わずに一人だけでバスで来て、整列するわれわれのまえを足早やに通り過ぎたあと、われわれの自前の酒保で出されたまんじゅうをよろこんで食べ、またバスで帰っていった。そうしてそのおり、隊内に本があったら残しておいてくれといったそうである。

8

とうとう帰国の日がきた。

敗戦の翌年の三月の半ばに、テンホンのわれわれの総員は揃って川船をつらねてソンコイ川の支流の川港から発ち、曲折する川筋を幾日もかかって河口のハイフォンに向った。この川の旅はもとより行軍よりも楽だったが、かんじんの川船は逆U字型の屋根をつけていて、私をふくむ兵隊たちは毎晩、その急角度に曲がった屋根の上にしか眠ることを許されなかったから、熟睡中に河流に転落するおそれが大きかった。だからこの四晩ほどが、死に直面したという点では海没以来の危ない状態に置かれたのかもしれない。支流が本流にはいり、本流がしだいに海に近づくと、河水の下には海の上げ潮がつよいエネルギーで逆流してきており、それは一種の魔境であった。じっさい、部下の兵隊の落とした帽子を拾ってやろうと川に飛び込んだ軽率な少尉が、掌《て》だけをヒラヒラ見せながらたちまち水に呑まれるのを、私は目撃した。

近代的港湾都市ハイフォンは、白く輝いてすでに遠くから望まれていたが、夕刻の街燈の灯る時刻に着いてみると、ここもコレラが蔓延していて、われわれは匂いのつよい石灰酸をかけられた死骸をいくつもまたいで、常椰子《とこやし》の並ぶ歩道を辿らねばならなかった。宿舎には大きい中央郵便局の二階があてられていたものの、その二階の床はどうしてか半分がなくなっており、残った床の端から階下を見おろすと、目がくらむような高さであった。私はその床の端のすぐ近くに毛布を敷いて寝ることになったので、夜なかにトイレに行こうとして立ち上がるようなときにすこしもボンヤリすることが許されなかった。昼間にはこの高い二階から、フランス・中国・アメリカ、それにヴェトナムの軍隊が、その時どきに行進するのが見られた。

とうとう一日一日の生命を保って、私は四月三日に、アメリカの差し廻したリバティー船に乗りのむことができた。それは鋲一つない、ピカピカと黒光りのする新造の船であった。この船は南シナ海から太平洋を一路北上して、十三日には、まだ枯色《かれいろ》の伊豆半島を左に見て浦賀にはいった。それから、船内にチフス患者が一人出たというので、食料が心細くなるまで船にとどめられたのち、二十二日にようやく日本の土を踏むことができたが、以後もすぐには解散を許されず、一人となって福島市に急ぐためには、なお、無為に対する最後の辛抱の数日が必要であった。

——浦賀港の突堤には、このごろの選挙ポスター用の木の仮り塀に似てそれよりもはるかに長い仮設の板塀に、日本国中の都市の参謀本部の地図が順序よく貼りつけてあって、それには空爆で焼かれた区域が赤い色で明示されていた。海外からの帰還者の便宜のためのものである。福島市もわが家も無事であることはすでに確かめられたけれども、私はその仮設の塀の前を行きつ戻りつして、日本の国民がまだ一体として生きていて、互いに呼び合っていることと、この故国のいわば精神のインフラストラクチュアがまずまずしっかりと残っていることとを知った。それは酸鼻と浪費と屈辱とに終った、戦争という長い叙事詩の、最後の行が響かせる韻律であった。

私は数年後に、私家版の歌集『越南悲歌』をこしらえて、一兵卒としての自分の貧しい戦争体験を歌った四〇〇首あまりの作品を示すこととなるが、そのなかから、北部ヴェトナムで作ったもののいくつかを、ここに掲げておきたい。ちなみに、「悲歌」というのは文字通りの意味（古義）であって「エレジー」というつもりではない。——念のために。

ふるくにの妻戀ふる吾《あ》につゆじもの置かぬ群山うち迫るなり
国境の高き苑《には》べに曇りたる空のみを負ふ樹は葉を落す
山合をゆく濁り川ここに拠る少き兵のなかに起き伏す

ソンコイを小さき月の渡りつる夜もすがら思ひわれは老けにき

民のなかに言語《ことば》は残るドイツの国を行きて傷まむ日はあらざらむ

行末は望みなけれどわが母よけふは雨ふりて落付きにけり

討伐隊の率《ゐ》てゆく保安隊員を妻ら見送るみな裸足《はだし》にて

岡のうへにこころ寂びつつ目守《まも》りをり藍の遠嶺《とほね》の蒼の奥《おき》つ嶺《ね》

山中《やまなか》の沢渉《わた》りゆくこの帯ぶる前弾入《まえたまいれ》に汗は垂りつつ

狭間田《はざまだ》の暮れたる奥に仄じろく神のごとくに水牛のおり

放射する燈火《とうか》のなかを横切《よぎ》るとき黒き翳《かげ》かも山の夜霧は

ゆふ霧のとざす山路《やまぢ》をかき探り求むるごとき妻にしあるかも

垣の外は越南独立の歌唱ふ幼き者の夜もすがらのこゑ

丘の上に山は壁なす国亡び山し哭すと語り継ぐ山

もの思《も》はぬひと日なりにき鍬の刃に載る土塊《つちくれ》の影曳きそめぬ

越南の夜半《よは》の星座は扉《と》の口に淡く懸かれり百夜なほ寝む

わが町の桜を思《も》へば妻が待つけだるき歎き偲ばるるなり

第六章　恢復期

1

私は二十一カ月ぶりで、無事に福島市に戻ってきた。それは生還であり、帰還であり、帰宅であり、職場へは復帰であり、帰郷ともいえるものであった。

遠慮がちに席を得ていたスシ詰めの夜行列車の窓から、私はやっと早朝の福島駅のフォームに降り、すぐ、電報を受けて出迎えに来ている妻を見いだした。その朝の駅頭には、他の復員兵も、その出迎えも、いなかったようだが、それは私の目の焦点がいちはやく妻にだけ合ったためかもしれない。

妻は危惧した以上にやつれていた。私は軍服——もう夏のものではなかったはずだが——に下着の着替えと一握りの生砂糖と、それに薄いノート二冊のはいった、それでも重い私製のリュックサックを背負い、妻と短い言葉を交わしたのち、北五老内の家まで、二人でゆっくり歩いて帰った。そうして、まだ人通りのすくない市中の道をたどりながら、私はサイゴン以来知らせることのできなかった自分の戦歴（？）を、妻は私の留守中の生活を、互いに簡単に報告し合ったのであった。母は元気であった。妻の父の東京（江古田）の家は、不運にも焼夷弾を一つ落とされて、一軒だけ焼かれてしまった。その夜に妻は実家に居合わせたそうであった。いまでは実家は水戸に移っていた。

妻は食料の調達にも苦労したが、女子大の親切な先輩が二人、市内と市の近村とにいて、ときどきは助力も受けられたという話であった。しかし売り食いはしなければならなかったから、たびたび農家に出かけて行っては頭を下げた。或る日、柱時計を背負って農家に向う途中、背中で時計に遠慮なく時刻を告げられて困ったとのことで、これがこのときの妻のただ一つの具体的な苦労話であった。私の留守中に訪ねてくれた友人や知人のことも、短く報告された。

あとで妻の語ったところでは、彼女はすでに見知っていた帰還兵たちの顔つきや行動や生活ぶりから、私の性格が荒《すさ》んだことを恐れていたのだが、その点での私が召集以前とまったく変っていないことを知って、安堵したのであった。

家で待っていた母は、まえとほとんど変っていず、私は心中、妻を犒《ねぎ》らわずにはいられなかった。もっとも、母は私の顔を見るなり、「わたしが毎日岩谷《いわや》観音さまにお詣りしていたから帰れたのだよ」といって、これには私も憮然とした。

深い安堵の気持を纏って、私はその日の夕刻に中村さんのお宅を訪ねて御夫妻に挨拶し、翌日には高商（経専）の庶務課長室に平井博教授を訪ねた。平井さんはびっくりした様子で、その最初の言葉が意外であった。

「これはこれは、しかし困りました……」

それにつづいてつぎの会話が交された。

「困ったといわれましても……。ぼくはこれでも、ともかく生きて帰ったわけですが……」

「それはむろん……。でも小林さんはふだんご丈夫でもなかったし、お便りも久しくなかったし、生きておられるとは思えなかったので、講座をほかの人で埋めてしまったものですから。」

「しかしともかく、ぼくの権利は残っているんでしょう。」

「それは当然です。すぐに人事の処理をいたしますから、しばらくお待ち下さい。ともかく結構でした。」

平井さんは英語の担当で、オスカー・ワイルドの研究者。のちに学芸学部教授から福大の学長事務取扱となった人である。その善意はこのときも疑えなかったが、文部省から高商に来たという経歴上、人事の事務的側面に関心を集中しておられたのであろう。ただ、私の担当していた諸講義のうち、経済学史に限ってだけは、ほかの新しい人が受け持っていたのでもないらしい。さらに、戦争直後にはマッカーサーの指令で、軍の帰還者である教員はしばらく教壇に立つことを禁止されていたので、私も復職を急ぐ必要はなかった（召集以来俸給はずっと出ていた）。ただ、研究室を自由に使うという諒解だけは獲得した。

私はリスト研究をすぐにも継続するつもりで気息を整《ととの》えていたから、そのための条件はこうして実質的にはきわめて良かったのであった。しかし敗戦のあとの市民の目は帰還兵にはむしろ冷たく、なぜか兵隊にも戦争の責任があると思われているような気のすることがときどきあった。これは戦争そのものの否定という観点が屈折して現れたものだったのかもしれない。また、戦没者の家族からすれば、ふだん見知っていた者が五体健全な姿の帰還者としてもとの生活に戻っているのに逢うのは、いかにもつらかったことであろう。私の家の裏手の、はじめ間違って召集令状が私に届けられた、同姓の青年小林君は、中国から長崎まで帰り着いて、そこで病死したのであった。

歩兵で一貫した私は、帰還後しばらくは脚が歩きたがったから、アメリカの支給の麩《ふすま》（小麦の皮の屑。牛馬の飼料）のパンを持ち、持ち帰った兵隊用の水筒を肩にかけて、福島市の周辺を歩きまわった。惜しいことに桜の季節は終っていたが、初夏の山河は新鮮であった。或る日、妻を連れ出して阿武隈の河畔をかなり上手《かみて》まで歩き、流れを遮っている、広い、陽に温まった岩に下りて休んだことがあったが、その岩の上で妻が昏々と眠ったのにはやや驚かされた。ずっと後年、お互いに老人になってから、妻ははじめて私に、私が運良く帰還したなら、母の面倒をみるという当面のつらい義務をともかくも辛抱して果たしたという理由で、離婚を申し出ようと心に決めていたそうである。妻のそういう境遇を、私は戦地でいくらか想像しなかったわけではなかった。だが、岩の上での妻の深い眠りは、私に再会することのできた、妻の安堵《あんど》を示すものだったのであろう。

しかし麩のパンの弁当では、遠歩きにもやがて疲れるようになった。食料事情の点では、ヴェトナムでの私は内地の人々よりもいくらかは恵まれていたのである。私は焼け落ちた観潮楼の跡に残った鷗外の石像の写真を眺めながらボンヤリと幾晩かを過ごしたりしたのち、まもなく本格的にリスト研究を再出発させ、あまり人の来ない研究室でも、夜の書斎でも、リストの著作集や手の届くかぎりでの研究・関連諸文献を、戦地で考えていた計画に従って読みつづけた。リストはフランス語の論説も書いているので、高商の川村重和教授にお願いして、フランス語の個人レッスンを受けたりもした。川村さんは私の家からは田を二枚ほど隔てた南側に住んでいたので、来宅してのレッスンを承知していただいた。テキストにはシャトーブリアンの『アタラ』と『ルネ』とを使って、すこしはこの外国語も読めるようになったのだが、或る日の白昼、レッスン中に、玄関の川村さんの靴が盗まれるということが起き、われわれの靴のサイズは違うし、当時は新品の靴もなかなか求めにくかったから、川村さんも、むろん私も、大いに困却したのであった。

川村さんは、私の知るところでは、福島高商でいちばん文学を解した人で、私が新刊の作品で気に入ったものの話をすると、それを軽んぜずにすぐに読んで感想を述べられ、しかもその感想が私のものと一致することが多かった。現在平川祐弘の良訳で出ているマンゾーニの古典の『いいなずけ』は、そのころ岩波文庫で『婚約者』の訳名で刊行されたのだったが、たとえこの初訳に不備が多かったとしても、大作品としての深い感動を私に与えてくれたので、その感動を川村さんに伝えて、やがて二人でこのイタリアの代表的小説の魅力を語り合ったことなどもある。

私のリスト研究は着々と進んだ。なにしろ福島では世俗的な娯楽というものがまだほとんど復活していなかったから、自然に研究に集中するということになったのである。それに私は大学を出て以来、制度上の「先生」というものを持たないという一種の幸運に恵まれ、先生の仕事の手伝いをする義務（？）がまったくなかったから、ほとんどすべてのエネルギーを自分の研究に注ぐことができた。朝早く、例の麩の弁当とお茶を入れた水筒と、鞄とを持参して研究室に行く。道は信夫山の麓を西に向っていて、やや遠い。研究室ではたいてい誰にも邪魔されずに正午まで勉強をし、昼食のあとは広い机に毛布を敷いてしばらく横になる。起き上がるとまた仕事をつづけ、夕刻になると東の正面に阿武隈山系を眺めながら帰宅してゆく。夜もまた勉強する。こういう日常を二年ほどもつづけたであろう。それは私が学問にもっとも集中できた時期であった。

とはいっても、研究室への人の出入りはだんだん多くなったし、自宅の方へも高商の友人たちや帰還した生徒諸君が訪ねて来た。加部君・朽木君・斎藤実君・佐藤博君など、昭和十八年九月卒業の諸君がおもであった。十六年十二月卒業の、のちに福大の学長となった渡辺源次郎君は、召集されなかったため私の留守宅をも見舞ってくれたが、戦後もときどき顔を見せた（私の留守中の訪問者は、戦局が厳しさを増すにつれて東京から東北への移動が求められたためか、意外に多く、私の友人、妻の友人、諸先輩、それに『狼煙』の同人の三浦一郎〈のちに上智大学の教授〉などであった）。

そのころ私はようやく講義を再開していたけれども、それにはなかなか力がはいらなかった。敗戦後の学界の極端なマルクス・イデオロギーの潮流にはどうしてもなじめなかった一方、新しい時代を見極めうるような蓄積の不足が自覚されていたからである。私が戦争の体験、それも兵隊の体験として身に着けたものは、あらゆる権力への不信であり、西欧の自由主義も、とくにマルクス主義も、それらが日本のいわゆるインテリゲンチャによって指導者の意識のもとに強調されるばあいには、この不信につながらざるをえず、しかもこのことの自覚は、傍観を是《ぜ》とはできない無名の一青年の深い精神的疲労を伴ったからである。また、一方でこの疲労は、戦旅から解放された者の空虚感と重なるようにも思われた。だから私は、佐藤君から持ちまえの無遠慮さで「先生のこのごろの講義は元気がないという評判ですよ」といわれて、残念ながらいかにもと思うばかりであった。

私のこのいわばニヒルな心境は、マックス・ヴェーバーの「価値自由」の思想のうわすべりの理解を戦後の生徒諸君に説くぐらいでは、とうてい消え去るものではなかった（これは経済政策の講義のことで、高橋昭三君〔後記〕は「疲労困憊の態《てい》」の講義だったと回想している）[1]。こういう精神状態のなかで、私は戦争中の学界の課題として残されていたリスト研究を、その学界の急変にもかかわらず、集中してつづけていたわけである。しかし英語担当の秀才だった同僚の宮部菊男から、「君ももうリストでもないだろうしね」といわれて、この言葉には世間というものを感じた。

しかし、私のそういう消極的な精神状態をしだいに回復させてくれたのは、手もとで着々と進行するリスト研究それ自体であった。私のこの研究テーマは、前記のように、誰に影響されたものでもなく、リストの母国でもその意義を無視されてきた彼の論説「農地制度論」の発掘によって、リストの全体系とドイツの資本主義の歴史的個性↓運命とに新しく鮮明な光を当てようとするものであり、山田盛太郎から大塚久雄に継承されたかぎりでの比較土地制度史的問題意識を、経済思想史的領域で文献実証的に（史料分析的にではない）つよく押し進めるに足るものであることを、私はそのころには確信するようになった。それはまた、当時のマルクス経済史学の重要な一論点であったいわゆる割地農民論にも、文献的に一歩踏み込んだ妥当な見解を提出するはずのものであった。そうして、自分は自分の内面からのやみがたい促しによって研究のテーマに導かれ、そのテーマを追求しつづけている、それが学界での流行からは外《はず》れているとしても、兵士として命を全うできた者の営みとしては、顧慮するに及ばないことではないか。――こう自覚したとき、私の研究生活からも教壇に立つ日常からも、一種の淋しさの雰囲気は消えていったのであった。戦時中のさまざまなリスト研究を継ぐもののように見られやすかったはずの私の研究が、やがて新旧両方の世代の研究者たちのなかからかなり多くの積極的関心を与えられるようになったことは、そのころの私の予想の外にあったが。

とはいえ、私が一面で、説明しにくい疲労感を研究生活のなかにそのごも長くひきずっていたことは、自分では否定しにくいことのようである。この疲労感と内面の促しとの相剋が、私の長い研究生活の底にあった。これは戦地からの帰還後を余生と観ずる者にとって共通の、特異な精神状態であったのかもしれない。私にとっては、いわゆる戦争文学の領域でも、さきごろ亡くなった、ビルマからの帰還補充兵古山高麗雄の、経験を反芻《はんすう》する諸作品が、それらを彼が生涯書きつづけたということとともに、とくに懐かしく思われる。

（1） 高橋昭三「私が垣間《かいま》見た小林先生の〈実像〉」『小林昇経済学史著作集』IX、月報。

2

高商での友人たちのうち、帰還した私をいちばん驚かせたのは、藤田五郎の学界活動であった。藤田が戦争中の研究を結実させて、昭和二十三年の初頭にはやばやと処女作『日本近代産業の生成』(1)を公けにしたとき、史料を福島県下に残存する徳川封建制期のものの発掘に求め、他方では大胆にマルクスを消化して仮説を立てようとした、その実証的・理論的研究は、戦後新世代の新成果の早い実りとして学界の目をみはらせた。私が召集直前に刊行した小著などは、この『生成』とは比較にならぬほど軽いものであった。

藤田の淡白で即物的で感傷性をいっさい含まぬ、しかも学問にかんしては謙虚で柔軟な人柄については、私は前記の「回想——藤田五郎の学問的生涯」(藤田『近世経済史の研究』に付載)でやや詳しく書き、それはいろいろの出版物に転載されているし(一例として本書二二ページをも参照)、また彼の学問の解説と評価とは、『藤田五郎著作集』全五巻(御茶の水書房)の各冊に付された、庄司吉之助さん以下の編者たち(みな福島での新旧の同僚)による解説が有益だから、それらを読んでいただきたい。ただ、彼がその研究の集中期に福島高商=福大に在職していたことの幸せは、ここで指摘しておかなければならないであろう。そこには中村さんの庇護があり、庄司さんの資料的教導と援助と、市民・県民への紹介とがあり、戦後にわれわれの同僚となった羽鳥卓也君との早くからの理論的交流があり、そのほかもとより高商での諸友との自由な討論があり、さらにまた、東北大学の中村吉治教授のバックアップや、おそらくはその一端としての、仙台の斎藤報恩会からの研究費の援助があったのである。

そのうえ、当時の福島は中央からは僻地と思われていたためか、戦争中でも、警察による思想的取締りや弾圧は、意外に厳しくなかった。研究者たちは日常的にマルクスやレーニンを自由に論じていたし、社会主義の書物を自宅や研究室から持っていかれたということもなかった。研究上、これはなかなか有利な状況だったのである。

藤田には、平気で一人暮らしのできる能力があり、拘《こだわ》らぬ人柄のまま誰にでも好意を持たれたから、ギリギリの食料不足の時期をも案外窮せずに切り抜けたらしい。下宿を変えることなども平気だった。もっとも彼は私の家にはめったにやって来ず、その理由として人に、「小林は家ではおふくろさんにあまり丁寧な言葉を使うので閉口だ」といっていたらしい。小野は気楽によく来た。

藤田は一貫して、高商→大学の雑務に携わることを避けていた。教員会議→教授会での発言も少なかった。『商学論集』への自分の原稿でさえ、不正確な点や粗雑な点を私が編集者として指摘すると、「適当に直しておいてくれ」というのであった。うちあけていえば、私は庄司さんの初期の原稿に次いでは藤田の原稿の表現を、本質的な点でない限り、ずいぶん手直しさせられたものである。藤田は自在で有能な記者のようなものであり、私は辛抱の良いデスクのようなものであった。

こうして藤田は、没後に五巻の充実した上記の著作集に結実する諸業績を、母国がまだ荒廃していた昭和二十三年から二十七年までの短期間に学界に贈り、若くして日本経済史研究の領域での輝く星となった。この『著作集』の第一巻の口絵には、藤田が広島での学会で、松島栄一・奈良本辰也・服部之総・江口朴郎・井上清・高橋磌一、それに庄司さんらといっしょに撮影された写真を掲げている。これは戦争直後に開放された経済史研究のもっとも活発な部分を担った人々の群像であるが、藤田は、こういう人々と気遅れなしに熱心に交流し、同時に彼らからとくに理論的に学ぶという態度をも崩さなかったのであった。

藤田の書いたもののなかには、やがて出た私の『フリードリッヒ・リストの生産力論』への書評があり、また私には、藤田の円熟した『近世封建社会の構造』（二六年）への書簡体の書評がある。これらによって、当時の福島での若いスタッフのあいだの、学問的交友の情況が窺《うかが》われるであろう。

藤田のいちじるしい活躍は私を瞠目させ、それはときには戦地帰りの自分の落伍をさえ感じさせたが、他方、当時の熊谷尚夫の境遇は藤田とはだいぶ違うものであった。私が帰還したとき、熊谷は東北大学の助教授に転出していて、それが私に大きい空虚を感じさせた。彼の転出は昇格といえる人事であり、ケインズについての彼の論文はすでに高田保馬教授によって賞讃されてもいたから、それは当然のことというべきであった。しかし、当時福島で江口校長からいじめられていた熊谷を、すでに東大から東北大に移っていた安井琢磨教授が、河合栄治郎教授と同門の後輩であった熊谷を仙台にいわば救い上げてくれたという事情もあったのであろう。だが、だからといって、熊谷の健康状態や生活事情が好転したというものではなかった。

彼は転任に伴ってしばらくは宮城県の南部に移ったらしいが、敗戦の前後には郷里の岡山に永く帰っており、私の帰国後になってからはじめて本式に（？）仙台の職場に戻ったのだったが、こんどはなぜか、福島市北部の湯野村に一家の仮寓を求めることになった。湯野村は飯坂温泉と摺上川《すりかみ》を隔てた対岸に拡がっている農村で、熊谷がそこからどういうふうにして仙台に通ったのか、いまの私にはハッキリしない。しかし、私はむろん、彼の一家が仮寓とした、農家の蔵座敷を覚えている。彼からの報らせで、私は彼とその家族とが岡山から戻って来て一泊した、福島駅前の辰巳《たつみ》屋旅館を早朝に訪ねた。当時は古風なハタゴだった辰巳屋がいまではデパートの上層の階を占めるホテル・タツミヤになっていることは周知だが、私は東京に去ってのち、福島を訪れる機会があるごとに、妻とともにこのホテルに泊まって、高いフロアのレストランやラウンジから、正面に吾妻山を眺めることを一種の癒《いや》しとしている。

熊谷は辰巳屋の玄関に、軽そうな空《から》の荷車を一台曳き出してきて、布団から何から、彼の一家の当面の家財道具のいっさいをそれに載せ、湯野まで曳いて行こうとしていたが、目的地までは優に十キロはあったであろう。それを病身の、当然食事もまだまだ十分に取れないころの、熊谷が曳き通そうとするのである。仕方がないので私は彼と交替に荷車を曳いたり後押ししたりして、彼の夫人や子供たちともひさびさに語り合いながら、この十キロの道のりを、ゆるゆるガタガタと進んでいった。天気は幸いに好かったし、確信はできなかった再会なので、楽しいといえば楽しい半日ではあったが、戦争中の生活については、彼はあまり詳しくは語らなかったように覚えている。

熊谷の透徹した基準的名作『厚生経済学の基礎理論』は昭和二十三年、藤田の処女作と同年に出版され、彼の学界での地歩を確立した。また安井・熊谷の共訳に成るヒックスの『価値と資本』は二十六年に出て、熊谷がわが国で開拓されつつある理論経済学の第一線を担うことを証明した。私が細部までていねいに準備し、ひと月だけで書き上げた、『リストの生産力論』も、二十三年の秋には刊行することができた。この本の序文には、とくに「戦争と戦後の混乱とに妨げられて……お目にかからぬことはすでに数年になる」、病床の大塚久雄先生への謝辞がしるされているが、また、「このような形［東洋経済新報社、現代経済学双書の一冊］で本書を出版するようになったのは、東北大学の安井琢磨先生のお勧めによるものである」とも書かれている。この「お勧め」は熊谷と私との交友の一つの結果であって、それ自体がまた、当時の私の自由な学問的立場を示しているであろう。藤田の著作への前掲の書評では、私はマルクスとともにヴェーバーをも顧みることを、著者に求めたりもしている。

（1）日本評論社刊。昭和二三年一月の刊行である点が留意される。羽島卓也君との深いかかわりがすでにこの書の「序」で述べられている。

3

『リストの生産力論』は、戦時中の有力なリスト研究者であった高島善哉、板垣与一氏らからの推賞も得て、研究史上の継受と展開という両面の役割をいちおう果たすことができた。松田智雄教授もこの本を、「戦後の経済学界で最も充実した内容を持った研究の一つ」と書いて下さった。私は肩の荷をおろした気持ちになったが、経済学史の領域での成果というものの及ぼす影響の幅は狭いということをも、同時に知ることができた。

このころ、昭和二十四年には、アメリカの占領軍の意図に従う国立学校設置法によって、福島高商＝経専は新制の大学経済学部に移行し、その教員中の特定の専門家の部分は、従来の福島師範の昇格した、おなじ大学の学芸学部に所属が変わることとなった。川村さんも平井さんも、宮部君そのほかも、みなこのグループに含まれた。北五老内町の私の家の周辺には、川村さんや宮部君のほかに、もとから師範学校の教員だった、年輩の和田甫さんや肥った針金さんも住んでおられたし、土岐善麿のお婿さんの右近氏の借家もあって、みな私の家族と付き合いつづけてきた。宮部君といえば、一時その身近によくある女性問題が起こって、初孫である私の長女を背負っていつも門の外に立っている母のまえを通るのを、とくに挨拶の声を掛けられるのを、敬遠していたことがあったようである。比較的若いうちに東大教養学部の教官となって亡くなったこの秀才は、岩波版の『中島英和大辞典』に校閲者として名を残しているが、福島高商では、トレード・ユニオンの語を貿易連合と訳したとかいう噂を残した。――誤訳は誰にもあることだけれども。

大学の新制度の発足に当たっては、経専の教員のあいだではいろいろな意見が提出され、さまざまな期待も持たれたようであったが、現実に与えられることとなった制度のなかでは、それらは一顧もされなかった。これはいつものことであるし、まして占領下のことであった。

このときの必要な経過措置として、経専は四年次が終るまで残存し、それまでは新発足の経済学部と並置されることとなった。この学部の初代学部長には中村常次郎教授が任ぜられるとともに、同教授は残存するあいだの経専の校長を兼ね、福大の初代学長には西沢喜洋芽《きよめ》氏が任ぜられた。西沢氏は関西の経済界にいた人で、昭和十八年以来の経専校長であった。

この、新制福島大学経済学部の創設とともに、新学部内での私の仕事――ただし雑務――は、自然に、急速に、しかもいちじるしく増大した。

第一に、新学部では大学の学部にふさわしい研究者による講座の充実が理想でもあり、必要でもあった。しかし新制大学の当初の人事は、教授会による決定を許されず、文部省管轄の委員会がアメリカ流の研究「業績」主義を遵奉して裁定していたから、この主義に従って、すでに著書や論文のある藤田や私が、いちじるしく若年で、しかも先輩の教員たちの多くに先んじて、教授資格を与えられてしまった。そうした事態は、おのずから、近く業績をあげうるような新鮮・有能な研究者たちを新しい経済学部のために獲得することを、嗅覚の鋭い若手の教授たちの任務とした。

念のためにいえば、私はこの業績「主義」には賛成ではなかった。業績にも量と質との差があるのだし、研究の性質によって業績の成立に時間差のあるのも当然だからである。また、当時の高校や専門学校の教授たちのなかには、蘊蓄《うんちく》を深め人格を養ってそれを教育に傾けるという人物も少なくなかった。業績主義がわが国の文化の破壊というポリシーにもつながることを、当時から私は意識していた。だがともあれ、私は中村さんのこころざしを継いで、福島への若い研究者の招致を試みなくてはならなくなった。その詳しい経緯についてはあとでしるそう。

第二に、新鮮な研究者を招くためには、研究環境の整備、専門図書の充実、研究機関誌の質的向上、その定期的刊行が不可欠であって、この認識は、それらの実現の条件の不足に悩みつづけている私自身の経験が教えるところであった。そうはいっても、時代はまだ敗戦直後であり、文部省の予算も極度に乏しかった。日本の学制改革に携わっていた、イールズとかいう貧相なアメリカ人が福島大学に来て講演をしたおりに、図書予算の不足の実情を彼に説明すると、「世界中の図書館で予算が十分だというところは一つもないでしょう」という、平然たる答えであった。むろん、自助の努力が必要であることは、私もわきまえていた。

そういう或る日、阿武隈川の対岸の在所の旧家の土蔵に、消滅した南満州鉄道会社が戦争中に疎開させた、厖大で貴重な蔵書の一部が保管されているという情報をつかんだので、野村教授を誘ってそれを検分しにいったことがある。福島県内での満鉄の疎開蔵書についての、分散情況や落ち着き先についてはその後詳細が判明しているようだが、ともかくもその日は、われわれの熱意が旧家のあるじに通じて、土蔵の扉が開かれ、われわれは内部を満たしている本のなかから、時間をかけて研究書というに値するものをたくさん選び出し、こんどはそれこそ限界的なレトリックを使ってあるじの説得に成功し、それらの本を経済学部の図書館に移すことになったのである。これはもうとっくに時効だろうから書けることである。まもなく、どう聞きつけたのかアメリカ兵が三人ほどで図書館の書庫を調べにジープを乗り着けて来たが、こちらは度胸をきめているし、むこうは専門書のことなどは分からないのであったから、すぐに引き上げてしまった。

野村さんももう故人だが、記憶に残っていることの一つは、在所の土蔵との往復に見せたこの人の歩度が、歩兵を経験した私のものを凌いでいたということである。野村さんはこの馬力で、のちにはテニスの腕前も、ご本人が自慢する程度に近いところまでは、上げて見せたのであった。私などはコートの上ではとても及ばなくなった。

こんにち大塚久雄文庫や今野源八郎文庫をはじめとする壮大で有力な諸故人の蔵書や、十八世紀フランスの古典を中心とする貴重な多くの古版本を擁する、福大図書館の威容を目のまえにすれば、私どものように残生を送る研究者たちは、文字通り古昔の感に堪えないであろう。情報革命の時代となって、学問と書物とのかかわりは一変したが、それでも手を重くする「本」は、それらの広大な世界のなかのどれか一冊と、どこかの研究者個人の魂との、ゆくりない運命的な邂逅を実現させせつづけるであろう。

さらに雑誌のことがある。福島高商ではすでに昭和五年以来、研究機関誌『商学論集』を刊行していたが、時代が時代であるし、研究環境や図書も整っていなかったし、それに高商が大学のような研究機関とは見なされていなかったから、不定期に十数冊が刊行されただけであった。しかも、印刷は宇都宮や仙台の業者に頼っていたのである。私はこの雑誌を、確実に定期的に、新鮮で充実した内容を盛って刊行される、学界の有力な雑誌に育てようという計画を立て、そのためには、後記のような若手の執筆者たちも追い追い揃ったと判断したが、なお、誌面を開放して広い学界からの寄稿をも求めたり、受け入れたりするということにして出発した。

のちに関西学院大学の学長を勤める久保芳和君や、いまでは学界の重鎮である（にしてはなお若々しい）水田洋君などの原稿が、この新発足の『商学論集』に載ったのは、こういう編集方針の成果の一つである。なかでも水田君の「アダム・スミスの蔵書」と題する長文の、しかし手始めの、調査報告がこの雑誌の二五巻に連載されたのは、私にとってもよろこばしいことであったが、この「蔵書」がP・スラッファの目にとまったことから、水田君の二度目の訪英と『スミス・カタログ』の完成への本格的な長い道のりとがはじまり、それが今世紀の初頭に至って、決定版の大冊 *Adam Smith's Library. A Catalogue*, Oxford となって世界の学界に提供されたのである。

4

しかしこういう雑誌を出しつづけるためには、かなりの費用を用意しなくてはならない。私は当時まだ残っていた学生諸君の寮に乗り込んで、学生の全員を会費納入の責務を持つ会員とする経済学会を創ること、その主要な事業として新しい『商学論集』を刊行すること、こうして経済学部の学問的エネルギーを高めること、を説いた。

学生寮の雰囲気には、教師たちの容喙《ようかい》を嫌う自治的聖地という意識が保たれていて、しかも雑誌の編集方針は学生の勉強の成果に掲載の余地を残さず、それに一方では彼らに経済的負担を強いるものであったから、私の「説得」の努力は苦戦を余儀なくされたが、私はねばり抜いてとうとう目的を達した。この結果は当時の、灰燼のなかから立ち上がろうとする学生諸君の気概を示すものであったが、私はそこに、私どもに寄せる彼らの善意をも感じた。

このとき、学生諸君のなかにあって私の説くところに耳を傾けるように友人たちをまとめる任に当たってくれたのは、前全寮委員長だった霞重雄君（経専二十六回卒）である。同君はのちに日航の取締役となるが、毎年の暮れに同君から贈られてくる日航の美しい日本美術のカレンダーは、わが国民の長所の一つである造形美術に対する海外での認識の普及に、確実な役割を果たしつづけていることであろう。それはまた、あの貧しかった時代のわれわれのあいだにあった「絆」を、いつもハッキリと思い起こさせてくれるのである。

雑誌刊行の費用は、しかしそれでも足りなかった。当時の福島市には、いろいろな外国語や数学記号の活字を持つ、本格的な印刷所はなかったから、われわれはまずそれを育てなければならず、そのためにはこちらから出費ないし融資をしてそういう活字を揃えてもらわねばならず、そのうえできれば、内校《うちこう》をする能力をも備えてもらいたかった。私は幸いに、市内の北町の大盛堂印刷所とその責任者板橋秀行君（経専二十四回卒）とを見いだすことができ、以来一貫して板橋君のきわめて誠実かつ確実な協力を得ることが可能になった。同君は印刷上の問題についてだけでなく、外国語についても新たに勉強して、福島の印刷業界の水準を一挙に高めた人といえるであろう。

このゆえに、私が福島を離れてからずっとのちになって、大河内一男先生による組織のもとで、アダム・スミスの会が『初期イギリス経済学古典選集』十三巻の翻訳を東大出版会から刊行したときにも、その印刷を板橋君に依頼することになったのであった。昭和五十七年、この邦訳の『選集』の完結記念の公開講演会にも同君は出席してくれ、私は同君に公けに謝辞を述べることができた。

雑誌のための資金は、いつもなお不足をつづけた。そこで私は、福島市にあった銀行や会社に、何度も出かけていって、寄付をせがんだ。戦地から帰ってまだ幾年もたたぬ私は、きょうはどこにお願いしてみようと思い立つと、もう玄関で靴を履いているといった具合であった。東邦銀行本店・日東紡績福島工場・福島電鉄・福島製作所・日銀支店などがおもな訪問先だったが、日銀支店を除いては、私の希望と説明とを容れてそのときどきに何がしかの寄付をして下さった。こういう「ねだり」の仕事には、中村さんや渡辺源次郎君と同行したこともあるが、たいていの場合は私が一人で訪問して、それぞれの企業の社長や取締役に直接お願いした。東邦銀行にはもっともしばしば通った（？）ように記憶している。同行の当時の本店は二階まで吹抜けの部分が広くとってあり、行員諸氏の執務空間の四周の、二階にあたる部分には、手摺りをつけた廊下が廻らされていて、そこに上がって歩いていると、銀行の内臓部分が見おろせた。その廊下の東側の、ガラス窓を嵌《は》めた壁の終る部分に、頭取室や重役諸氏の個室のドアが並んでいたように記憶している。その一室でいつも私に会ってくれたのが、のちに頭取となった取締役の瀬谷誠一氏であった。

瀬谷氏も今は亡いが、この人は頭の回転も口の回転も速い、それでいて人なつこさと雅量とのある、一個の人物であって、短時間の応答で――というのは氏のほうはいつも忙しそうであったから――何度も寄付に応じて下さったものである。ただ或るとき、執拗な私に閉口して、「うちはお宅《たく》の卒業生を毎年何人も採っているのに、それではまだ足りないの？」といわれたことがあった。私にはすぐそれに答える言葉が出た。「われわれが貧乏しながら育て上げた若い諸君が毎年お宅に入っているからこそ、お宅の立派な経営が成り立っているのだと思っていただけませんか……」瀬谷さんは「それもそうか」と笑って、またなにがしかの寄付を出されたのであった。

昭和二十八年になって、経済学史学会の大会が福大経済学部で開かれたときにも、東邦銀行から運営資金の寄付にあずかった。のちに、瀬谷さんが銀行の頭取の現職のまま急逝したとき、当時同行に勤めていた佐藤博君が、それを東京の私に報らせる電話口で、何度も声をつまらせたことが記憶にある。

ずっと後年(むしろ近年)、奇縁があって、東京在住のこけし界の重鎮西田峯吉老と、東邦銀行の現頭取瀬谷俊雄氏(誠一氏の子息)とを私が引き合わせて、吾妻山麓に位置する福島市荒井の横塚地区に「原郷のこけし群、西田記念館」が開設されたが(平成七年)、このときは、西田さんからは氏の生涯にわたって蒐集したこけしとその関係品との全部の提供、東邦銀行ではその文化財団による「西田記念館」の新設と運営、という合意がスムーズに成立したのであった(私も一時こけしの蒐集に熱中したが、いまではすべての蔵品を手放した。その小蒐集を支えて下さった人々にお詫びしたい)。

このこけし館の開設のことで、私は東邦銀行の現幹部の人々と接触して感慨の新たなものがあった。西田老も亡くなり、今では私がいちばん年長なのだが、その私に向かって、「先生が昔、よく銀行の二階を歩いておられる姿を下からお見かけしました」といわれる、高商の古い卒業生があった。

なお、「西田記念館」の開設以来、熱意を傾けて館内外の整備に努めているのは、大学経済学部九回卒の渡辺格君であり、同君はいまではこけし界での重い存在である。また、眺望の良い丘の上の美しいこけし館を設計したのは、佐藤博君の弟の清君である。

『商学論集』への出費を私は惜しまなかった。それを学部内で一度だけ咎《とが》められたことがある。咎めた当人は、戦後すぐにわれわれの同僚となり、もとより日常的には親しかった、計量経済学専門の中村嘉吉君である。その場面は何かの委員会であり、われわれのやりとりは次のようなものであった。このやりとりのなかで『東北経済』というのは、学部の資料室に集まる若手の研究者たちの一部が、藤田や庄司さんを押し立てて地方史の実証的成果を発表しはじめていた雑誌であり、当の中村君が、福島出の人のこととて独自にその印刷所を大盛堂とは別の店にきめていたのであった。むろん、『商学論集』と『東北経済』とは、執筆者は部分的に重複した。

「小林さんの編集している『商学論集』の印刷コストは、私の委されている『東北経済』よりもページ当たりの単価がだいぶ高いようですが、一度検討してみてはどうでしょう。」

「それは心外ですね。十分ご承知のように、商品の価格には量だけでなく当然質がかかわります。それに初期投資の必要量の違いというものもあるんですよ。」

「価格についての質といわれるのは、論文の質ということですか。」

「それはまったく別の問題です。ぼくのいうのは、第一には、使われている活字の特殊性。第二には、よろしいですか、誤植の多少です。この誤植の点については、ぼくも印刷所もできるかぎり努力しているつもりだ。だからこの点については、『東北経済』の誌面へのぼくの感想もある。ここに、二つの雑誌のそれぞれの最新号を持って来て、任意の数ページでの誤植の数を比較していただきたい。」

「…………」

「これはそれぞれの雑誌の編集者の責任の問題です。ことに金《かね》がからむとなりますとね。ですから、検分の結果に従ってどちらかの当事者が明確な責任をとるということにして、この提案をします。」

「責任といいますと……」

ここで座長の阿部教授が「まあまあ、小林君そこまでいわんでも」と仲裁にはいって、この「対決」は消えてしまったが、私のどこかに「鉄火」の面があるという点は、その時に自覚したことである。私の母にそれがあったかどうか……。

中村嘉吉君は一橋大学で、杉本栄一教授のというよりも、むしろ篠原三代平さんの指導を受けたようである。のちに福大では経済学部長を勤めた。嘉吉君夫妻は後述のいわゆる五軒小屋の住民で、おなじ五軒小屋に移っていた熊谷夫妻は、ことにそのころ郷里の岡山から、恩義のある老婦人を引きとっていたが、とくにこの人がいつも嘉吉夫人に面倒を見てもらったようである。——これも余談になるが、私は人の名も顔もなかなか覚えられないたちで、この点では教師の資格も（軍人の資格も）ないようである。そのための失敗はたくさんある。福島大学を離れて数年後、私は古巣だった経済学部から集中講義に招かれたことがあって、そのおり教授室で、身なりの立派な、やや改まった口をきく未知の先生と顔を合わせたので、二十分ほども会話を交わした。そのあと、傍《そば》にいた宮島宏志郎君（後記）に、「いまの方《かた》は仙台からでもお呼びしているの？　お名前は？」と訊ねて、「先生はどうかしたんですか。あれは嘉吉さんではないですか」といわれ、われながら啞然としたのであった。

『商学論集』の育成と充実とに幾年も打ち込んだために、私には主要な論文を自分の所属する大学（学部）の機関誌にだけ発表するという習慣がついた。私はのちに社会経済史学会・土地制度史学会・東大経済学会などの評議員に長年にわたって名を連ねることになったけれども、これらの学会の雑誌に私の本格的論文が載ったことは一度もない。私はそのときどきに属した大学の小さい学会誌で、広い学界への貢献につとめるようになったのである。

5

雑誌の話が長くなって、記述もやや前後したが、一般的に、発足当初の新制大学での予算の不足は深刻な問題であった。俸給の支払いも月二回の分割ということになって、教員の夫人たちの苦労も並大抵《なみたいてい》のことではなかった(しかし新任の富塚良三君が、二回払いのほうが利子上では受取り手の利益になるという理論〔?〕を披露して、夫人たちを唖然とさせたものである)。校舎の屋根が十メートルにわたって老朽し破損したので、文部省に修復の予算を請求したところ、一メートル分しか来なかったこともある。

私は学部の図書室の責任者や、短期的にながら大学の図書館長をもやらされていたから、この部面でのやりくりにも苦労しなければならなかった。これも新任の矢島基臣君(経専二十二年卒。のち一橋大学教授)からの外国書の購入請求に対して、「雑誌に書評を書いてくれるなら買いましょう」と答えて、嘘のつけない同君を困惑させたことや、逆に体育の鈴木源六教授のねばりと押しとに一度ならず負かされたこともある。学部図書室の事務では、忠実な三好修助君や若くて仕事の早い富樫英二君らのヴェテランにずいぶん助けられた。

しかし経済的に最大の問題は、新たに赴任してくる教員諸氏のための住居の建設であった。その用意が新人獲得の要件だったのである。むろん、こういう「事業」は(噂やかなりの人々の誤解を解いておかねばならないが)私などの手に負えるところではなく、中村さんらが配慮していろいろな筋に働きかけたものであったろう。経済学部=旧高商のキャンパスの南側に路ひとつ置いて接して、五軒の、いまからいえば仮り小舎に近い、各軒たしか三室の家が五つ急造されて、われわれはこれを五軒小屋と呼んだ。この五軒は、のちに官舎に認定してくれるように文部省に頼んで断られたものである。

教員の住宅をふやすために私のできたことの範囲は、キャンパス内の弓道場の一部を人の住めるように改築したこと、旧来の官舎からもともと福島在住の上級職員に帰宅（？）してもらってその一軒を明けたこと。これまで官舎に住んでいる教員諸氏から月々なにがしかの出費をしてもらって、これを市内で高い家賃の家に住んでいる教員に分配するようにきめたこと、などに尽きていた。この、官舎についての政策は当然に反対もつよかったが、私は全教官の教授会でようやく実現に漕ぎつけた。井上教授などは市中の借家でたくさんの家族をかかえて苦労されていたのだったが、そういう方面からの希望や要請があったわけではなかったから、若い私は大働きのつもりでこんなこともしたのであろう。なお、市中での借家の確保には、母をも動員して努力を払ったが、結局は一軒しか確保できなかった。そういう時世だったのである。

文部省から大学に来る予算の、経済・学芸の両学部と大学本部との三つの単位への分配の比率も、大学自体で決める事案であったから、なかなか重要であった。私は大学の評議員を押しつけられ、中村さんに従って評議会に出席して、もっぱら、素案を自分に有利なようにつくって提出してくる、文部省寄りの大学本部を攻撃した。旅費の基準ひとつ——本部事務局長は教授よりも高い——、石炭費ひとつについてまで本部の官僚的・独善的基準を改めさせ、そのため文部省では悪名が高いなどといわれたが、私はそういうことを気にする立場にはいなかった。そのうえ前述のように、戦地で培われた、自分に独特の官僚観があった。

大人《たいじん》の中村常次郎さんは、本部への「攻撃」などはけっして口にされなかった。しかし教授は、酒を生涯の友とする悠揚たる人柄である反面、経営学を専門とし会計学にも会計の実務にも明るい、緻密な頭脳の持ちぬしでもあったうえ、秋田市にあるかなりの（？）資産の管理者でもあったから、本部や学芸学部の主張を容れるようにみせながら実質的には経済学部の利益を引き出すという技術が、会議中には分からないほど巧みであった。そのおっとりした口調にふくまれるしたたかさは、私の言葉の行き過ぎを訂正するようでいて、その逆であることが、しばしばであった。そうしてあとになってから、とくに学芸学部ではそれに気づいて問題になるのだが、そういうときには、中村さんではなくて私が「けしからん」といわれるのがつねであった。それは私の日ごろの行き過ぎのためだったであろう。

もっとも、私はむろん学芸学部を対立者と意識したことはなく、その学部の年輩の和田教授も、「小林は手傷を負わせるが、あとで繃帯を巻いてくれる」と同僚にとりなしてくれたそうである。ただ、或る年、年始に来たあとでこの和田さんが、「小林のところはけしからん。正月から酒なしで紅茶を飲まされた」と誰かにいったそうで、これは私の母のもてなしぶりとしては異例だから、母と和田夫人とのあいだに気脈が通じていたのかもしれない。

このころの中村さんの境遇はますます忙しくなっていた。それは、経専の校長の職が経専の完全な消滅とともになくなったにもかかわらず、地方労働委員会の長など（などなど）を乞われるままに引き受けて、学外での用事がどんどん多くなったせいであった（一方で学位論文をこのころ書かれたようである）。中村さんの夫人は、長寿を保っておられるがそのころはきわめて病弱で、中村家は子供に恵まれなかったから、人に接して温かい中村さんの胸には淋しさが宿っていたのかもしれない。この人のズボラの一面はこのころ十分に発揮されて、その姿を学部内で見かけることが稀なほどであった。自分の講義には二、三十分も平気で遅れてきて、ノートも持たずに早口でひと息に話をすませてしまう、というようなことがむしろ普通であったらしい。しかし学生たちのつよい不満は聞かれなかったし、学部長としてはさすがに教授会は欠かさずに、長い議論の席もいっこうこたえないというふうであった。私も学部長とはまた別の立場から、教授会の長引くのを覚悟し、むしろねばり勝ちをねらうことさえあった——私の性格には合わないことを意識しながら。

教授会での中村学部長の特徴的な論法は、若い私などのものとは違っていて、或る行為なり制度なりを決議することが、その時期なり環境なりによってムリだと見極めると、そのムリの実行がムダとなるべき次第を、じっくりと語って同席者をなっとくさせるというものであった。同時に、抽象的な論法に対しては、実施者としての困惑を重いユーモアをも加えて上手に表現することも、中村さんの特技だったように思う。

中村さんのズボラの面の発揮は、学部内での私の活動の特徴と限界とを見切ったうえで、大事に当たってはとうぜん自分への相談があろうから（それはむろんであった）、ふだんのことは委せておいてよかろうとした、判断にも由来するものだったようである。もとより、藤田も中村さんとは格別に親しかったし、また年長の阿部教授も、強面《こわもて》ではあるが経験に富んだ、学問を愛する誠実な人柄であった。しかし、いま回想してもいちばん大切な点は、中村さんが戦後も一貫して、新しい社会科学の温床としての福島高商→福大経済学部に敬虔ともいえる望みを託し、その「事業」の支援者としての藤田や私を信頼しつづけてくれたという点である。福島高商という小学府での名伯楽（？）だった教授は、戦後の早い時期までに、やがて詳細にしるすところだが、おのずから二代目の伯楽の養成を果たしていたのであった。

とはいっても、藤田はふだんには相変わらず自分の研究と学界での交友に没頭していたから、中村さんの学外での仕事が重なるにつれ、私が毎日研究室に居つづけて、学部への訪問客や、学部にかかわる不意のできごとに備えなくてはならなくなった。阿部教授はその専門の商品学が化学系のものだったから、実験室を離れにくいときも多かったのである。冬どきには、研究室はストーヴの火が落ちないようにいつも気を付けていなければならないので、その点では自宅のコタツの部屋に劣ると思ったけれども、私の研究室の真西にあたって白雪に覆われた巨大な吾妻山の全貌が見わたせたことは、慰めであると同時に、また勉強のための気力を与えてくれるものであった。

私が学部の裏（南）門のわきの官舎にはいるようになったのは、こういう私の立場を多くの同僚たちが認めてくれたからであろう。私の一家は、いまでは三人の子供たち——妻は安産の性《たち》で、お産はみな五老内の産院ですませた。産気づくと、私が妻と布団類とをリヤカーに載せて運んだのであった。産院といっても正式には「産婆学校」で、専門医は必要なときにだけ来てもらうというシステムであった。妻がその初産《ういざん》のときに腰の激痛を訴えると、老練な産婆さんが、「奥さんそれが陣痛というものですよ」と答えたのを覚えている——を加えて五人にふくらんでおり、長女はもう小学生であったが、この五人の家族が、こんにちになっては懐かしくのみ思い出される北五老内の家を離れて、元来は外人教師のために建てられた、無骨で不便な造りながら広い庭のある、「西洋館」ふうの官舎に引き移ることになったのである。

当時はまだまだ物不足だったから、欧米人は福島には住みにくく、外人教師たちは東京や横浜から通《かよ》ってきていた。外人官舎がこうして二軒ばかり空いたのであった。ともあれ私にとっての新居は、裏庭に信夫山の麓を成す竹林《ちくりん》の一部をふくんでおり、竹の子がずいぶん採れた。また表の庭は、母が丹精して畑をつくったり花々を咲かせたりした。春が闌《た》けると玄関のすぐ傍《わき》にむらがって咲いた、マーガレットの白い花は、いまでも記憶の目に鮮明である。

6

私は昭和二十四年に、勉強をさらにすすめて論文集『フリードリッヒ・リスト研究』を日本評論社から出し、この本でふたたび重商主義を顧みて、リストと重商主義との歴史的・理論史的関係の解明という新しい努力を示した。

この努力に当たって、私はアダム・スミス以前、いわゆるイギリス重商主義期の諸古典をそれらの古版本に即して直接読み込むという習慣を新たに身につけ、しだいに古典研究の滋味を知るようになった。むろんこの滋味を解した人々は、戦前にも高橋誠一郎先生をはじめ九大の高木暢哉さんなどがおられたから、私はそれらの先達の学問的世界をイデオロギーのはびこる学界の一隅に復活させただけのことである。ところで、重商主義の諸原典を豊富に蔵しているのはなんといっても一橋大学のメンガー文庫であったから、私は戦後の不便を排してしばしばこの文庫を訪れた。むろん一日や二日では文庫の片鱗をさえ窺うことは不可能であるため、国立《くにたち》の一橋大の、構内や外部にあった学生寮に、こっそり泊めてもらったのである。

そういうばあい、福島の高商＝経専を出て一橋の学生になっていた、後記の斎藤謹造君や渡辺陽一君の、もともと多くの学生諸君との相部屋の一隅に寝るのだが、部屋の寮生諸君は気楽にそれを許してくれたし、斎藤君は私がノートを採るのを手伝ってくれた。しかし、あれは山田秀雄さんだったろうか、たまたま寮に来て私を見つけ、「小林さん、こんなところに長くいると死んでしまいますよ」と、周囲の寮生たちには遠慮もせずに声をかけてくれたことがある。事実、食物やシラミやダニによる発病がまだなくならなかったころであったし、渡辺君のいた外部の寮はやがて失火から焼けてしまった。

この勉強を伸ばした成果(?)が、昭和二十七年になってから刊行した『重商主義の経済理論』であったが、この本の意義と影響とについては、当時の私は自覚するところがむしろ少なかったように思う。というのは、ここで私のイギリス重商主義研究は、アダム・スミスの先輩でありながらその同時代人といってよいサー・ジェイムズ・ステュアートに達し、欧米でのステュアート研究の新段階にさきがけるともいいうる展望のまえに立っていたのだったが、なにぶんステュアートの主著『経済の原理』(一七六七年)は難解でしかも巨大だったので、その体系の隈ない踏破と、それに伴う『原理』の重い学史的意義の確認とには、まだまだ至らなかったからである。ただ、この新しい自著の装幀を自分ですることを、出版社の東洋経済新報社に容れてもらったこと、しかしカラーのトーンが悪くて効果が出なかったことは、忘れられない。

メンガー文庫に通う日々のあいだに、増淵を介してのことだったろうと思うが、増田四郎教授と国立駅前のただ一軒の喫茶店でときどきお目にかかれたのは幸せであった。増田さんと私との、短い休息の時刻が偶然に一致したからである。それ以来久しく、故教授と私とは懐かしいお付き合いをつづけることができた。それには私が西洋経済史のゼミナールを出たせいもあろうが、それだけではなく、両者の教養の質の相似にもとづくものもあったように思われる。

なお、私は一方で、リストの「農地制度論」の邦訳(『農地制度・零細経営および国外移住』）を、苦労しながらおぼつかなく果たして、これを日本評論社の世界古典文庫の一冊として出してもらった。この長論説の分析を基礎に置く、私の新しいリスト理解と、リスト体系の新編成とが、従来の経済学史的常識からは奇異とのみ思われることを惧《おそ》れたからである。だからこれは、前記の『フリードリッヒ・リスト研究』には一年先立っている。

日本評論社は戦時中以来有力な社会科学書を出していたから、学界への同社の寄与は小さくなかった。しかし私が『農地制度』を出してもらったころには、経営がかなり苦しかったらしい。相変わらず世間知らずの私が、上京のおりに、同社に責任者の鈴木三男吉氏を訪ねて、この邦訳書の印税の支払いを求めたとき、広い編集室の一隅で長く待たされたのち、千円札を一枚片手にヒラヒラさせながら持ってきて、黙ってそれを手渡されたのには驚いた。私はそのとき、福島の小林という男は小者《こもの》であることをいまさらながら自覚し、その千円札を受け取って引き下がった。このおなじ出版社＝出版者から翌年に『フリードリッヒ・リスト研究』を出してもらったいきさつも、この本の印税の残りをもらったかどうかも、いまはまったく覚えていない。もしかしたら、ここに書いた、『農地制度』への印税の請求は、ずっとあとのことだったかもしれない。

ところで、私が貧しい戦争→敗戦体験を四〇八首の短歌にとどめて、それを自費出版したのは、ようやく昭和二十八年になってからのことである。題名は前記のように『越南悲歌』、印刷所は大盛堂、製本はこれも福島市の小賀坂製本所、著者自装四六判の、限定一〇〇部である。私は復員の年の冬からのちは、忙しくなったからというのではなく、自分の研究テーマが自分のなかで樹木のように伸びてきて止まらなくなったために、短歌の源のほうがばったり涸れてしまった。それに福島での生活は、物不足とはいっても「焼跡派」が育つようなものではなかった。しかし私は、ほとんどの部分は戦地でこしらえ、しかも立哨中にゆっくり推敲もできた、一兵士のカタルシスを示すこの四〇〇首あまりの短歌には陽《ひ》の目を見せたいと思っていたので、とうとう手造りの歌集を世に出すことになったのである。濃いめのグリーンの表紙、背の上半部には白い紙を貼ってそれに書名と著者名とだけを活字で印刷し、白いカヴァーの表にも細い線の矩形の枠のなかに横書きで三行、歌集／越南悲歌（赤）／小林昇と、宋朝体で印刷した。これは当時としてはいちおうスマートなでき上がりであった。

戦後の桑原武夫の第二芸術論は周知である。当時の桑原は東北大の教授だったはずだが、彼は詩人の三好達治と仲が良くて、二人で福島に来て桑原のほうが講演をしたことがある。新鮮・瀟洒な詩集『測量船』の著者でありながら短歌や俳句という小詩形を軽んぜずにみずから実作をも示した、和服姿の三好達治が桑原とつるんで歩いていることに、私はそのとき或るコミカルなものを感じた。そんなこともあって、私は『悲歌』を三好に贈ってみたのだが、詩人はそれに応《こた》えて好意のある葉書をくれたうえ、さらに「朝日新聞」の学芸欄で、「昨年いただいた小林昇さんの『越南悲歌』というのが管見の範囲では最も滋味に富んで秀抜であった」と書いてくれた。この文章は三好の全集に収められている。

そのほか、宮柊二の歌誌『コスモス』では、葛原繁が『悲歌』を良く理解して、そのなかの作品をたくさん挙げたのち、つぎのように書いてくれた。「第二次大戦のさ中に生きた卑小なる一人の人間の生命は卑小なる故に無視されていい筈はない。異常なる環境の中に却って強く人間の最も素朴な姿に帰って行った一人の悲しみと世界の動きとの背離がかくも見事に描き出されている。そこにあるものは異境仏印の鮮な風物である。」『コスモス』の代表者は第一級の戦争歌集『山西省』の著者・宮柊二であったから、私はこの歌人からの接触も受けた。なお、いちばん早くには近藤芳美が「読売新聞」の「このごろの歌集から」という欄で、『悲歌』には「異常な位置での知識人の心の苦しみというべきものが淡々として歌われている」と紹介してくれている。いま思えば、『悲歌』へのこういう反響はなかなか賑やかだったというべきであって、そのせいか、『文藝春秋』が私の短歌を求めてきて、私は出征前の未発表作品からやっと六首だけを選んでそれに応じたりした。

私はこれを契機に歌壇人になれたろうか。事実の問題として、繰り返すことになるが、このころの私には短歌の泉は学問の新樹のためにその源を涸らされていた。また、指導的権威を立てた歌誌というものに属することを私は依然として嫌っていたし、「独詠」のための作歌で満足だとも思っていた。しかし作歌の泉の涸渇という事実は、福島生活十五年の前半と後半とで私の生活環境が一変したことをも語っているようである。

こうして、昭和二十二年以来、三十九年に至るまで、二十年近くものあいだ私は作歌をやめていたのであって、この三十九年に、つまり福島を離れて十年もたってから、ドイツのテュービンゲンで勉強をしていた日常にはじめて、また作歌への衝動が萌したのであった。こうして生まれた新しい作品群を、私は新歌集『シュワーベンの休暇』（未来社）にまとめ、さらにのちに第三歌集『百敗』（角川書店）をも出しているが、私がとうとうこんにちまで歌壇と縁を持たなかった理由は、右の長い作歌中断期間の歌壇的なマイナス効果によるものだと思っている。そうしてそういう孤涯は当然のことではあろうが、私は、自分の人生の一面の表現として、また研究者の生涯にまつわる感慨を語らせるものとして、福島に赴いて以来の短歌の全作品を一冊にまとめたいという淡い希望を持ちつづけている。私の古くからの友人たちはいまでは多くが故人であるが、私が福島で接したころの生徒=学生諸君のなかには、そういう短歌の作品集に心をとめてくれる人もあるかもしれない。

第七章　新樹の新彩

1

福島大学経済学部のめざましい（と人のいう）発展は、藤田や熊谷や庄司さんたちの、戦時中以来のスタッフによるものであるとともに、彼らよりもさらに一世代若い研究者たちの充実にも伴うものであって、この充実は昭和二十二年ごろからボツボツはじまり、私が福島を離れる直前の、三十年ごろまでつづいた。一方で自分の研究の急速な展開をかかえながら、これまで以上にハードに、いわば夢中で私が働いたのは、この時期であった。むろん、三十年以後にも福大での研究者の充実は跡切《とぎ》れないが、それは、この前後におのずから福島を離れることとなった教員たちのあとをしっかり埋めるという意義を持つものだったといえるであろう。

昭和二十二年から二十九年までのあいだに、福大経済学部の新しい教員メンバーに加わった人々は、ほぼ就任の順に、渡辺源次郎・中村嘉吉・渡部福太郎・松井秀親・大石嘉一郎・矢島甚臣・山田舜・星埜惇・富塚良三・羽鳥卓也・吉岡昭彦・高松和男・齋藤謹造・渡辺陽一・田添京二・大谷龍造・高橋昭三、それに三宅皓士らの諸君が数えられる。このほか、宮島宏志郎君は、私の記憶ではたしかにこれらの人々のなかに属しているのだが、福大経済学部信陵同窓会の会員名簿には、(実業界を経て)三十一年の就任ということになっている。加部隆三君が心血を注いで作ったこの名簿はもとより信頼するに足るが、そこに熊谷が昭和十七年の就任となっていることなども、やがてしるすように福島大と東北大との職を異例に往復した熊谷の経歴に由る、判断の混乱を示すものであろう。

福島高商の卒業生のなかの最初の福大学長を勤めるようになる(前記の)渡辺源次郎君は、右の若手メンバーのなかの最古参である。私の帰還後の或る日、東芝にいた同君は北五老内の拙宅を訪ねてきて、久しぶりに碁を囲んだ。同君の碁は一貫して筋悪(失礼!)ながらファイトに満ちているのだが、その日にはこのファイトがなかった。郷里の二本松まで戻るという同君と駅まで歩きながらその話を聞いていると、結核がもう重症となり、手術とそのごの長期療養とがどうしても必要なのだが、そのためには東芝を罷めねばならない。ついては母校に教員として就職できまいか、ということなのである。私は驚いたが、すこし慎重に考えたのち、積極的な姿勢で中村さんに相談することにした。中村さんは私からの話を、経専の校長の立場で受けとめて、「そうですな。いまごろは躰でも悪くなくては教師になろうという者もないかもしれませんな」という返答をしてくれ、やがて渡辺君は当面の目的を達した。同君の生徒時代を、中村さんも記憶していたのである。

当時の経専では、人事の採用権は校長の手中にあった。渡辺君はこのようにして、梶山力・熊谷・藤田らの有力な（？）結核グループに加わり、その直後に蒙むった手術上の小さい不用意なミスから療養がやや長引いたが、とうとう立ち直って講義をはじめられるようになった。

渡辺君は経専の教員になったのち、文部省の制度のいわば自動的効果によって、経専の自然消滅後は経済学部の教授会（教員全員で構成）の一員になった。それにしても、立派な体躯を持ち、健康そのものであった中村さんが、幾人もの結核患者を同僚として受け入れた度量は、いまでも不可解なほどである。

結核を制した渡辺君は、昭和三十四年になって、経済学史の学界での一道標ともいえる『イギリス初期重商主義研究』を未来社から刊行し、つづいて四〇年には、前記の『初期イギリス経済学古典選集』の第一巻として、トマス・マンの『外国貿易によるイングランドの財宝』（ほか二小篇）の厳密な邦訳をも——張漢裕氏の訳業を補訂して——上梓した。この後著の出たとき、訳者は上京して私にその労作を呈してくれたが、私のまえで当の本の見開きに、「小林先生、著者」と書き、「しまった」と、碁を見損じたときのような声をあげたのを、つまらぬことながら覚えている。

渡辺君は、つづいて教授会に加わってきた、矢島・渡辺陽一・齋藤・宮島君らの良い相談相手ともなったようだが、それは、これらの諸君が福島高商と一橋大学とでの渡辺君の後輩でもあったからである。しかし福島大学の経済学部、とくに若い研究者たちの溜り場であった資料室では、人々は出身大学を意識せずに雑談をかさね、しかも午後には存外暇があって、碁や将棋に興じたものである。碁の筋では、小野や渡辺陽一君や宮島君はなかなか良かったといえよう。帰還後の私の講義のうえでの落ち込みを指摘してくれた上記の佐藤博君も、そのころは東芝から東邦銀行に移って来ていて、その市内の支店の支店長「席」から平気で抜け出してきては、資料室での碁に参加していた。佐藤君はやがて公認会計士のはしりとなって独立するが、この佐藤君が碁ではいちばん強くなったようである。それも無理はない。同君の事務所はいつも碁会所の観を呈していたのだから。

市の花街の北裡《きたうら》に家のあった渡部福太郎君は、高商から東北大に進んだ少数の卒業生たちの一人である。彼は熊谷に就《つ》いて新しい経済理論を学んでから、東北大に安井教授や熊谷(当時)や、のちには外国貿易論の渡辺太郎君がみな新任でいたことから、この人々の指導を求めて仙台に行き、熊谷の推薦で福島に戻ったのであろう。ただし、東北大を卒業して東京で三菱銀行に勤めたが短期間に健康を害し、自宅でブラブラしていた期間があって、そういう或る日に渡部君の母君と私の母とが北裡の路上で出遭い、同君が福島で就職できれば、というお話を受けたと、母から聞いたような記憶もある。渡部君はのちに学習院大学に移って長く定着し、国際経済論で一家を成した。(1) 群れには加わらない自由で独自な存在であり、いまでも付き合えるのは楽しいが、某年某日、福島の私の研究室の隣の熊谷の部屋で、「君はけさ顔を洗ってきたんか」と熊谷にめずらしく癇癪《かんしゃく》を起こさせていたのは、渡部君だったろうか、それとも齋藤君だったたろうか。また、「小林さんが和服にステッキを振って五老内を散歩していた」という、ふしぎな噂を流したのも渡部君ではあるまいか……。

大石嘉一郎君の福大への出現の経路はいっぷう変わっていた。或る日、日曜か夏休みかの静かな雰囲気のなかで、連絡も予約もなしに私の研究室を訪れた、やや大柄ながら顔いろに勉強疲れのようなものが見える青年があった。そうして、用件は自分を経済学部の教員に採用してもらいたいことだと、ハッキリ切り出したのである。ただ、申し入れは単刀直入ではあったけれども、態度や語調は穏やかであった。その要求の理由を聴いてみると、生家が福島の北の保原町にあって醸造業を営んでいるのだが、東大経済学部の卒業が来春に迫って、家業を継ぐことと、大内力さんのゼミナールでの勉強を自分なりに伸ばすこととの、両立が難しいという事情に悩んでいる。「そこで思いついたんですが、こちらで採っていただけるようなら……」ということなのである。私はこの申し入れの率直さにいささか驚いたが、ご本人はそれでもいちおう周到に、まず中村さんに会って、「藤田君や小林君にも話してみて下さい」といわれていたらしい。私はすこし聴き取りをつづけていて、この青年の落ち着いてゆったりした挙措や、これまでの勉強ぶりが評価できるように思われてきた。

しかし、あのときのあの初対面の静かな空間では、中村↓私↓大石という「家長」の線が鳴ったのではなかろうか。のちに大石君が私の『経済学史著作集』Ⅶの月報で回想しているところによると、同君はあのとき、「小林さんの話を聞いているうちに、学者になることに希望と自信を持てるような気になってしまった。……小林さんの人柄と話術が自然とかもし出す魔術にまんまとかかったわけである……」ということだが、これではまるで私が大石君に、われわれの同僚となることを勧めたようでもある。ちなみに、この対話は昭和二十四年のことであって、『商学論集』の復刊を前提として、高商「創立二十五周年記念論文集」第一輯『農業経済の諸問題』が昭和二十二年に刊行されたとき、私がそれに翌年の『リスト研究』の予告として書いた「農業生産力上の国家市民」は、福島に来てからの大石君の目に触れるようになるのである。つまり同君にとっては、私はむろん無名の一教員なのであった。

大石君がのちに東大の社会科学研究所に転じて、農業経済から日本資本主義発達史に研究領域を拡げ、学界をリードする立場を占める一人となったことは、周知である。[2] 同君は福大にあっても、人の和と研究の進展とをともに支える、若手の中心人物となった。この青年のいちじるしい特徴は、心のゆとりと真摯で集中的な研究とを楽々と両立させていた点であって、資料室に集まる諸君の賑わいのなかにいつも顔を出していながら、碁などは対局するよりもゆっくり観戦することが好きであったし、昼間の研究室が勉強のおもな場所である様子もなく、そのうえときには大酒を飲んで、日銀の支店の前で寝ていたというのも事実であるらしい。軟式のテニスも、下手ながら前衛の位置を楽しんでいた。またどんなつごうがあったのか、或る日曜には自家製の味噌樽をリヤカーに載せてきて、わが家もそれを買わされたという記憶がある。こういうことから推測すれば、大石君は自宅で夜に、それもおそらく深夜まで、勉強していたのであろう。ちなみに、同君は旧制の二高で剣道部にいたということである。

そのころ以後の私は、若い諸君から「小林校長」といういささか意地の悪いあだ名を付けられるようになり、この命名の由来はこの諸君への私の雑多な「説教」によるものだと書かれたりしているが、雑談のつもりが説教と聞こえたとすれば、迷惑であるし面はゆいかぎりでもある。ただ大石君だけは、「もちろん、〈誰が生徒か先生か〉わからない〈メダカの学校〉の〈生徒〉たちは、その［小林の］〈訓話〉を笑ったりひやかしたりして聞いていたので、〈校長〉という呼称は敬愛の念を表現したものであった」と、前記の月報に書いてくれている。だいいち、私が若い諸君に本当に「訓話」などしたら、同席することの多かった熊谷からたちまちシニカルな言葉を浴びたことであろう。佐藤博君にも簡潔にひやかされたはずであるし、山田舜君などはいつでも私のおかしなところを探していたような節《ふし》があったから、なおさらのことである。

私が福島を離れるにあたって、若い諸君だけが如春荘で内輪の特別な別れの会を催してくれた。その席での大石君は、空《から》の徳利を右掌《て》に握って、雄渾でまた猥雑な踊りを見事に披露してくれた。同君の男児も昇の名を与えられたはずである。

高松和男君は、昭和二十二年に経専を出、東北大学に進んで会計学を専門とするようになり、二十八年に福大経済学部に戻って、それからの短期間にたくさんの論文を書いた。こうして三十年には仙台に呼ばれることとなったのである。そのとき私の研究室に挨拶に来て、「こんど仙台に戻ります」と機嫌よく述べたので、私はつい、「福島に戻って、こんどは仙台に戻るわけ?」と、つまらぬことをいってしまった。これは私の失言の一つだった。というのは、もともと私は、若い俊秀たちが福島を通過点とするばあいを不満だとはしていなかったからである。当時の福大経済学部の雰囲気からいっても、この学部への私の愛着とはまったく別の次元で、研究者の自由と成長とを、したがってその移動をも、文句なく尊重するのが当然であり、そのあとの新人の補充にも困難を感じはしなかったのである。ただ、私の性格のなかの戦前的な古さが、学問をする者の功利的態度(と私の主観的に感じるもの)を嫌ったということはあるかもしれない。

高松君がのちに創価大学の初代学長を長く勤めたことは、多くの人の知るところであろう。この大学の創立のとき、私は立教大学にいて、大学設置審査の委員会にやむなく出席させられていたが、高松君は拙宅ににこやかな顔で現れて、学長予定者としての、こんどは含みのある挨拶をした。私も丁寧な言葉を選んで同君を激励した。

しかし高松君がかつて無邪気にまた当然によろこんだように、旧帝大と旧専門学校→新制大学とのあいだには大きな格の違いがあり、それは歴然としていた。私が福島大学の図書館長時代に、福大教授としての自分の肩書で東北大の図書館から本を借り出そうとして、ハッキリ断られたことがある。ふだんは前記の旧師小川政恭先生や、もとよりまた熊谷をつうじて、借り出してもらっていたのであった。ところがこの断りを受けてまもなく、私は公務の机で東北大の図書館長からの手紙を受けた。〈この手紙の持参者は東北大学の学生だが、夏休中の勉学のために、貴図書館所蔵の本の貸し出しを許されたい〉という趣旨のものである。私は慨歎して、それへの公的な返書を書き、〈二つの大学の図書館の貸出規定が異なるものと理解されていることの根拠を伺いたい〉という文言をそれに入れた。返事はなかった。だが、当の学生が貸出しを許可されたのはもちろんである。

(1) 渡部福太郎『景気変動と国際収支』創文社、昭和三七年。渡部・荒木信義共著『日本の貿易と国際収支』東洋経済新報社、昭和四二年。その他。

(2) 大石嘉一郎君の業績（著書・編著）は巨大といってよい。詳細には、近時の著作『日本資本主義史論』東京大学出版会、平成一一年、の奥付によって知られたい。

2

若いころの富塚良三君の懐かしい思い出をしるすにあたっては、あらかじめ同君の寛容を切にお願いしたい。『蓄積論』と『恐慌論』との二大著（いずれも未来社）によってわが国のマルクス経済理論およびその立場からの古典派経済学の研究の最高峰を占め、現在も初志を守って力作を示しつづけている（とくに近時では有斐閣刊『資本論体系』全十巻の有力な編集者・執筆者として）、この畏敬すべくまた愛すべき研究者の青春の日常的行跡についでは、敗戦直後の福島大学が育てていた、同学・同僚への温かい寛容の空気の記憶とともに、善意をもって書きとどめておきたいのである。私はいま、とくに富塚君とともにあの一時期を懐かしみたい。

富塚君は、中村さんと私とが、法政大学の大原社会問題研究所に赴いて、久留間鮫造教授の諒解のもとに譲り受けてきた人である。たしか大河内一男先生のゼミの出身である。同君は私の『リストの生産力論』をすでに読んでくれていたし、面会のおりの中村さんにはふところの広い豪農の俤《おもかげ》を感じ、それとは逆に「小柄で痩せて」見える私からは、意外な「能弁」による説得を受けて、その結果、「よしそれならば思い切って福島へ行ってすべてを研究にかけた生活をしてみよう」と決心したとのことである。（小林『著作集』前掲、IX、月報）――この「研究にかけた生活」という言葉が、そのごの福島での同君の行跡のすべてを裏付けている。

例の五軒小屋の一つに家族とともに住むこととなった富塚君は、すぐに原論の講義をはじめたように記憶するが、その生活ぶりはまったくの研究一途《いちず》で、教授会に出ること、つまり研究生活自体にかかわることをさえ、重視しなかった。「小林さんが出ていればいいですよ」といった具合である。もっとも、会議がやっと終わったころに、和服の着流しで、あまり見《み》栄《ば》えのしない黒犬を連れて、信夫山から下りてくるのに出遭ったりもしたものである。休日の午後、私の二階の研究室の下から同君の声が掛かって、窓から顔を出すと、すこしも遠慮のない口調で、「小林さん、来年の（自分の担当の）原論の［第］一部は松井君（後記）にしてもらって下さい。松井君なら『資本論』の第一部はシッカリ読んでいるから大丈夫ですよ」といわれて、事の性質上、この状況での返答もできず、閉口したこともある。まして松井君は法学部の出身なのであった。富塚君の理論的能力は、近代理論の熊谷も率直に高く評価していたが、それは『商学論集』上で展開されることになった、この両名の「産業予備軍」についての論争の経験からでもあった。しかし熊谷——富塚君よりははるかに年上であった——は、私に、「富塚君にはかなわんよ。ぼくに面と向かって〈熊谷さんは自分でも間違っていると分かっているくせに〉なんていうんだからね」と、苦笑いしながら漏らしたものである。

当然、富塚君は『商学論集』の有力な寄稿者になって、それ自体は歓迎すべきことだったものの、この一途な、そうして夜更かしの研究者は、印刷所が午前中に校正刷《ゲラ》りを届けてくるのを「非常識だ」といって許さない。そのうえ、当の校正刷りの訂正・修正・変更・増減をどこまでも続けて、何校までをも平気で印刷所に要求するのである。雑誌の編集者としての私はこれには困って、刊行の期限のことを考えてくれというと、「だって、原稿が良くなれば良くなるほど雑誌も良くなるわけでしょう」という、まじめな返答なのである。――しかし私にも好機が来た。或る日、例によって「小林さん」だったが、用件は、歯が痛むから良い医師を紹介してくれというのである。私にはふと底意が生まれて、五軒小屋からはかなり遠くの医師を極力推薦した。その十日ほどのち、また「小林さん」と声がかかって、「あの歯医者はどうもいけませんよ。インレーとかいうものを歯に入れてからそれを削るんだけれど、何度行っても噛み合わせがうまくいかないんですよ」との訴えである。私はシメタと思って答えた。「あの歯医者はね、何度でも気の済むまで校正したいというタイプなんですよ。患者は困るけれどね。」富塚君はむろん私の底意を理解して、やられたという無言の笑いで応答したが、この一件の効果はやがてまた薄れたようである。

福島の若手諸君が学界を賑わすようになったからか、前記のように、経済学史学会の第八回大会が、昭和二十八年の十一月に、われわれの経済学部で開かれたことがある。このときは、学会の代表幹事の久保田明光教授がフランスに滞在中のため、堀経夫教授に代行を勤めていただいた。堀先生はこのとき、マルサス=リカードウの書簡上の一論争について研究報告をもして下さった。その会場で、堀先生に適切な質問を呈して再考を約させたのはほかならぬ富塚君であって、その内容はけっして思いつきのものなどではなかったのである。

だが当の富塚君は、あくまでも主催校での学会大会に会員の一人として出席しているという意識であって、主催校の側での用意や運営の万端は「小林さん」その他が当然に果たしてくれるものだと思っていたらしい。夕刻になって、懇親会場には経済学部の大教室があてられ、学部の若い教員諸君は大忙しで廊下を行ったり来たりしているのに、そのなかに富塚君の姿が見当たらない。「富塚はどこだ」ということになったが、やがて、「懇親会の席を悠然と占めて、〈ぼくの前には林檎が足りない〉なんていっているぞ」という報《し》らせが入ったので、大いに奮慨した仲間もいたのである。私はそういう諸君をなだめる一方で、中村学部長とともに会食の席にも出て挨拶もしたはずだから、なかなかの苦労であった。

なお、このときの学会には水田洋が新婚の夫人といっしょに出席して、このカップルのために私は土湯温泉のすぐ上の不動湯という静かな一軒宿を紹介した。あとで内田義彦がそれをきいて、「じゃあ不動湯が振動湯になったわけだな」とひやかしたものである。

私は富塚君には一貫して信頼してもらったと思っている。同君が出張して家を空けるときなど、夫人が布団をかついで泊りに来たりした。当時、この夫妻は子供を一人恵まれていたが、富塚君は、「小林さんが〔五軒小屋に〕もう一部屋建て増してくれないから、子供も殖《ふ》やせないんですよ」と、軽く私に訴えたこともある。私の能力を超えるこの要求には、さすがに返す言葉もなかった。富塚君がやがて中央大学に移って学究の生涯を貫いたことは、人も知るところであろう。鎌倉に新築した同君の家に、同君とその御家族とを訪ねる機会がまだ持てないことは、積みかさなる私の恨事の一つである。そういえば、すぐれたヴェーバー研究者の、友人内田芳明君の家も鎌倉なのだが……。

松井秀親君がどういう経路で福島の人になったのかを、私は覚えていないし、ご当人から聞き出そうと思ったこともない。ただ同君が、特有の知的エネルギーを孕《はら》んでいたころの旧制末期の松本高校の出であって、そこでドイツ文学の手塚富雄教授から深い人間的・思想的影響を受けたようだ、ということは知って（?）いた。この、手塚教授の影響については、のちに私が同教授と定期的にお目にかかる機会を持つようになってから、なんとなく確信するようになったことなのだが。

松井君はその心身に、内地での応召体験がかなり深い傷を残していて、人にその痛みを感じさせるところがあった。衛生兵の経験でもあったのか、静脈注射などもできて、私の妻が過労のときなど、医師に訊ねてから何かの注射を何度かしてくれたが、そういうときは、額に汗を浮かべるほど真剣になるのであった。私の若い同僚諸君と妻とのさまざまな関わりが妻の家庭内でのストレスを和らげることになったのは――これらの諸君の夫人方《がた》との付き合いの効果とともに――幸いだったが、とくに渡部君や松井君と妻とは、友人関係に近いものをこしらえていたようである。

思い出すことの一つとして、そのころは市中にもそろそろ喫茶店めいたものができて、稲荷神社の南のそういう店のマダムが、独身時代の松井君に好意を持ち、そういうことから私も同君のお裾分けにあずかった、ということがある。ただし或るときなど、私一人で行って、紅茶に怪しげなウィスキーをなみなみと注がれるというサーヴィスにあずかり、その一碗を飲みつくせずに閉口した。

戦後に社会科学を勉強しはじめて、いわば真白な頭に真赤なイデオロギーを注ぎ込まれた若い研究者たちのなかで、松井君は独自の思索と独自の懐疑とを持ち、その哲学者的な風貌と雰囲気とは、経済学部資料室ではむしろ重んじられていた。同君は学問の方法論に思いを深めていて、やがて示されたM・ヴェーバーの『ロッシャーとクニース』の邦訳がその成果の一つである。この仕事には私も手を貸すことを求められたが、なにしろ原典が難解な作品であるから、松井君も大いに額に汗したはずであるし、私もかねての胃病を悪化させる一因を作った。この訳業は内田義彦から「どうもむずかしい訳だね」といわれ、弁解も聴き入れてもらえなかったが、松井君はそのご独自に訳稿を手直しする仕事を始め、とうとうこんにちの定訳が成った。私がのちに「ヴェーバーの会」に迎えてもらって、丸山真男さんらと言葉を交わすようになったのも、松井君との縁が一因となっているのであろう。闘病の末に近年亡くなった松井君は、私にとっては「俤《おもかげ》に立つ人」の一人である。

山田舜・星埜惇《あつし》・羽鳥卓也の三君は、昭和二十六年に福島に着任した若手である。この三君と富塚良三君とが〈一緒の列車で赴任した〉ということは伝説のようだが、本当ならば壮観というべきだろう。

羽鳥君は慶大出身だが、すでに社会的経験があった一方、きわめてまじめなタイプで、人と諍うと妥協ができないことを自覚しているため、ふだんの言動を穏やかにしているというふうな趣きがあったが、遊びのテニスでも相手を容赦することがなかったし、資料室の気楽な談話の常連でもなかったようである。私が『商学論集』の編集をそろそろ次世代に任せようとして同君と長い話し合いをしたときには、一貫してハッキリと断られてしまった。この人には、自分の研究時間の確保が同僚たちと平等に保証されるべきだという、論理としては当然な信念があって、それは藤田のように自在な個性的自己中心主義とはまた別のものだったから、私の世代もようやく古くなってきたといえるだろう。しかし、その羽鳥君がひと夏東京に帰っていて内田義彦君の熱烈な信奉者になり、その陶酔ぶりを誰にも隠さなかったことは、イデオロギーというものの強烈さをあらためて私に印象させずにはおかなかった。

羽鳥君は早くから藤田と交友があったものと思われるが、はじめはその理論的能力を日本経済史の体系化の面で発揮しようとして、藤田と共著の『近世封建社会の構造』を昭和二十六年に公刊してのち、二十九年には方法的にユニークな『近世日本社会史研究』を出版している。しかし同君は、この後者よりもまえにヨーロッパの思想史・経済史の研究をも始めて、ロックについての論文を書き、やがて経済学史の領域に転じるようになった。福島で経済史の研究を史料的基礎固めの上で進めるためには、庄司吉之助さんの援助と指導とがどうしても必要になるのだが、藤田と違って都会人の羽鳥君には、庄司さんとソリの合わないところもあったのではなかろうか。庄司さんもなかなか気骨があったのである。それに藤田の死は、若い経済・社会史家だった羽鳥君には大きい痛手であったに相違ない。

羽鳥君の内田信奉というべき立場はそのごも一貫しているように思われるが、同君はのちに岡山大学に移ってその地にやや長く止《とど》まってから、やがて関東学院大学に再度転籍し、このあいだにリカードウのいわば密着的分析によって、わが国のリカードウ研究の新段階を画することとなる。この場合、こんどは九州に中村広治教授という、温良・誠実でウマの合う、すぐれた協力者=討論者を得たことも、羽鳥君の幸せとなった。羽鳥君のこの新研究領域での成果は、欧米でのスラッファやS・ホランダーの、伝統の成熟を思わせるリカードウ研究を容れうる余地は狭いものの、日本固有（?）の経済学史研究としては最高峰の一つといってよいものであろう。しかし私の感想では、羽鳥君のこの業績は、内田義彦の影響から離れて、文献実証的方法を理論的分析と結合させるという、長い労苦から生まれたものである。だから、こういう性質の労苦を十分には費やしえなかった、おなじ時期の同君のA・スミス（『国富論』）研究は、そのリカードウ研究に並置できるほどの重みを持ちえてはいないと判断している。

山田・星埜両君はともに広島の産だから、藤田とのかかわりで福島に来ることになったに相違ない。この両君は東大を出たばかりで、まだ研究の初歩段階にいるというところだったが、羽鳥君の討論相手となりうるほどの学力はあったようである。だが、二人ともなかなか元気で、ことに山田君は、人なつこさを保ちながらも、先輩の藤田とはまた違った意味で、遠慮ということを知らないといった人柄であった。同君はすぐに資料室での雑談の中心となり、そのY談はしばしば私を困惑させた。なぜ困惑させたかといえば、資料室にはまだ十代の女性職員が事務机に着いていたからである。私がたまらずに山田君の露骨な話を制止しても、彼はいつも、「まあいいではないですか」などと答えてニヤリと愛敬のある笑いを見せるだけであった。

この山田君に対して、星埜君はどちらかといえば無口で礼儀正しかったが、酒豪だという点では両君ともおなじで、さすがの中村さんも、この二人に自宅を襲われて大事にしていた(?)上等のウィスキーの瓶を空《から》にされたあと、「あの連中は、アルコールであれば結局なんでもいいはずなんですが」と、おっとり歎かれたものである。

後年になって、山田・星埜の両君が相次いで福島大学の学長になり、その職を全うしたこと、ことに山田君が、停年後に福島県の海岸地区(浜通り)で新しい大学の創設を終始指導したことには、私としては感慨を持たざるをえない。この両君のうち、研究者としては星埜君のほうが息が長く、したがって出版した著書も多いが(1)、二人ともにそれぞれの人徳があって親しみ易く、私は一時、藤田とこの二人とに付き合っているうちに自分の言葉が少しばかり広島弁になっていることに気付いて、驚いたことがある。ともあれ、私がやがて学界に提出することになる、ジョサイア・タッカーの研究の原稿を書き了えた自分の書斎から福島駅に急行して、星埜・山田両君その他の若い同僚諸君とプラットフォームで合流のうえ、山形大学での学会に赴いたことは、記憶に鮮明である。のちに星埜君の書いたところでは、その日の学会で同君が研究報告をすることになっていたので、私は同君がそろそろ講義を持てるようになったかどうかを検分するために、山形に付いていったのだということだが、私はむろんそんな下ごころは持っていなかったし、またそんな立場にもいなかった。私はただ、長い原稿を了えたあとの心身の疲れの癒しを、若い同僚たちのあいだに求めていたのである。

（1） 山田舜『日本封建制の構造分析』昭和三一年。星埜惇『日本農業構造の分析』三〇年、『日本農業発展の論理』三五年、『社会構成体移行論序説』四四年、『国家移行論の展開』五五年。以上いずれも未来社。

3

福島での私の生活の末ごろに日常をともにした、新しい世代の研究者たちは、けっして以上で尽きるわけではない。

田添京二君がわれわれの同僚に加わったのは、私が福島を去る時の迫ってからのことだが、同君は東大で若手の俊秀としてすでに名を識られ、外国でのJ・ステュアート研究の新展開に関する新鮮で鋭い「展望」論説を発表しており、矢内原忠雄教授を媒酌人としたという夫人を伴っていた。彼は風貌も服装もいかにも都会的な、研究者兼スポーツマンで、テニスも垢抜けたプレイヤーだし、山登りも好きで吾妻山をすぐ一人で登破したが、自称のところでは蝶の蒐集も玄人《くろうと》で、そのうえフランス料理も手がけるということだった。同君の登場となれば、もうそろそろ戦後も遠のきはじめたといえるかもしれない。一度そのフランス料理に招待されて、例の五軒小屋の一室で長いあいだ待たされ、キッチンからの匂いと料理道具のさまざまな音の連続とを存分に堪能《たんのう》させられたことがある。

同君も「内田学派」の有能な一員であり、理論はすっかりマルクスだったから、当時の私が彼と並行して開拓していたステュアート研究に対して、なかなか意地の悪い表現で批判を書かれたこともしばしばであった。しかし、これは後述するが、戦後のわが国でのステュアート研究は田添君と私とが同時にはじめたのであったかぎり、おのずから手を携えて——相互批判的に有効に——進められたという面があることを特徴とし、それはインド人S・R・センのイギリスでの研究には時間的に一歩遅れるものの、今ではこの分野での代表者とされるようになったA・S・スキナーの仕事に先んじる着手であった。私は、田添君がマルクスに依りながらも、独特な理論的感覚で、A・スミスに対立するステュアートの体系の味わいを好んだという点に、いつも親近感を抱いていた。

同君がやがてエディンバラに留学して帰国したのち、吾妻山腹のゴルフ場で発病して、研究の進展に不便を感じるようになったことは、学界の損失である。しかし、田添京二著『サー・ジェイムズ・ステュアートの経済学』(平成二年、八朔社)は、出版の時期は遅くなったものの、大体系である『経済の原理』の前半部分を成す、その独自な第一・第二編（理論的展開）の鋭い分析として、研究史上に価値を持ちつづけるであろう。

いわゆる大塚史学に属する新進の研究者として出発し、生涯にわたって健筆を振るって立派な業績を残した吉岡昭彦君は、その西洋経済史家のユニークな目が感銘を与えるインド論の随筆などをも合わせて、忘れがたい人である。同君もたしか広島人であるから、私とちがって、藤田がその業績を背にして発揮した人集めの技倆の卓抜さには、いまさら感慨がある。もっとも、吉岡君は大塚さんの直弟子だったから、事情はもっと簡明なものだったのかもしれない。

歴史家には史料や文献の整理などにもかかわるすぐれた事務処理能力も必要であろうが、吉岡君にはそれがあった。私は同君に、羽鳥君に断られたあとの『商学論集』編集の件を持ちかけたところ、たちどころに「じゃあ、まあやりましょう」と引き受けてくれ、それにはこちらが驚いたほどであった（もっとも、彼は海軍兵学校にいたのである）。

しかし一方で、この青年の集中的な研究ぶりはみごとなものであった。吉岡君の福島着任が昭和二十八年、私の計算はなにぶん不確かだが、同君が東大入学（二十三年）、大塚久雄演習への参加（二十五年）、卒業（二十六年？）の一年後に二年間、東大に内地留学したことは、同君自身の書いたところから明白なのだが、そうだとすれば、三〇年に福島を去った私が同君に付き合った期間は二年だけとなる。それにしてはしかし、吉岡昭彦が私に与えた印象はきわめて鮮烈なのである。同君は右の内地留学期間中に、いわゆる大塚史学の体系的一部を成す、周知の局地的市場圏の理論を、大塚さんとの連名の論説「リーランドの『紀行』に見えたる当時〔一六世紀前半〕の社会的分業の状態」によって――ただし同論説の史実整理の部分を担当して――まとめ、それは昭和二十八年になって発表されているが、すでにその仕事をつうじて、吉岡君は農民層分解についての「小ブルジョワ的発展」の存在に疑義を抱き――史料から土地の賃貸借関係の拡がりを知ってのことである――、ここから独自の「地主的分解」という概念を創出して、大塚さんを批判するようにもなったのである。

こういうめんどうな専門的問題をここに挿入したのには私の個人的理由がある。

私は吉岡君と、或る日和《ひより》の午後に、信夫山をゆっくり縦断したことがあった。そのとき大塚史学の一面への同君の批判を、たっぷりと真摯に聞かされたのである。しかしそのときの私は、西洋経済史研究の最先端の論争点、しかも一六世紀前半という古い時代にかんするものに、しっかりした注意を向けられなかったから、吉岡君の、みずからを学界での「独立自営農民」としたいという意欲に満足な口添えをすることができず、それをいまでも、残念で腑甲斐《ふがい》ないことに思っている。善意で明るい性格だった同君は、むろん私が構えて言葉を濁したなどとは思わなかったろうけれども。

俊秀の吉岡君はやがて東北大学の文学部に移籍する。大塚「門下」で福島を経ずに東北大経済学部の教官になったのは、吉岡君の同期の友人の岡田与好君であったが、大塚さんは福島に中村さんと私とがいるということに、「お弟子」たちの人事のやりくりの点で或る種の便宜を感じておられたのであったろう。吉岡君の後任には、重厚で博読の諸田実君が赴任してくることになった。

吉岡君の業績のなかでは、同君が火をつけた上記の「地主制論争」をみずから発展させた『イギリス地主制の研究』も重要だが、東北大学で諸後進を動員しつつ成った編著の『イギリス資本主義の確立』も、大塚さんの及びえなかった一九世紀にまで研究領域を拡げつつ、十分な理論的能力をも発揮している点で、大切な成果だと考えられる。[1] 吉岡君はこの研究で、学説史研究からの私の産業革命の把握にとくに同意を示してくれているが、同君の方からは、私の研究に正確な理解を示してくれたわけである。

この吉岡君は数年まえ、闘病ののちに仙台で亡くなった。まだしたい仕事が残っているといい残したそうである。松井君といい、吉岡君といい、その死は老境の私を寂寥のなかに放置する。

遡って昭和二十四年のことだが、この年は上述の諸君と前後して経済学部の若手教員となった、齋藤謹造・渡辺陽一・宮島宏志郎の三君が揃って経専を卒業した年である。この三君は同時に一橋大学に進み、やがて母校といってもよい福大の経済学部に相次いで戻ってきた。善意そのものの齋藤君が私の官舎に駆け込んで、風邪で寝ている私に向かい、「先生、一橋に合格しました」と叫んだ姿は忘れられない。しかし同君はすでに熊谷の指導で本格的な経済理論をシッカリ身につけていたから、一橋の諸講義に出ても新しい理論に接した気がしなかったとのちに語っている。同君はやがて、熊谷の赴いた大阪大学の教養部に移り、理論的基礎の堅い、しかも親切な二冊の入門書[2]、その他の業績を公刊した。私自身、これらの本に即して勉強した覚えがある。同君がいま闘病中で、枕頭で話を交わすことができないのもつらいことである。

渡部福太郎君や齋藤君は、中村嘉吉君や、二十九年になって福島にきた大谷龍造君らとともに、熊谷を師ないし先輩とする、いわゆる近代経済学のグループに属していた。そうしてこのグループは熊谷を介して、仙台の安井琢磨教授や渡辺太郎君（外国貿易論、のち大阪大学）と結ばれており、関西からときどき安井教授を訪ねてくる新鋭の森嶋通夫君とも接触があった。のちにロンドン大学の教授を長く勤める森嶋君は、おりおり福島にも立ち寄ってくれた。私は福島大学で安井教授の単発の特別講義を聴いたこともあるが、当時わが国の「近代理論」の最先端にいたこの人の話は、聴いているうちはきわめて分かり易く、あとで反芻してみるとたいへん難しいという、特徴があった。なお、私は森嶋君や渡辺太郎君とも親しくなって、経済学史学会に出るために関西に行ったとき、若い森嶋夫妻の——というよりは森嶋君のご両親の——家に泊めていただいたこともある。前記のように、当時はまだ、われわれの世代はホテルに泊まるという習慣がなかったのであった。

このグループに対して、藤田はもとより、上記の富塚・大石・山田・星埜・田添・羽鳥・

吉岡らの諸君は、ニュアンスの差はあれみなマルクス経済学の立場を執っていた。しかし、当時のわれわれの経済学部の独自性は、右の二つのグループのあいだに感情的対立のなかったこと、まして暗い賭け引きもなく、特定の党の介入ないし侵入もなかったという点にある。私自身についていえば、マルクス自身からだけでなく、山田盛太郎・大塚久雄の両先生からも深い影響を受けていたものの、熊谷という稀な人格に遭うことによって、またその結果おのずからケインズの理論に触れ、他方では大塚さんからのヴェーバー的学問世界（プロテスタント的世界ではない）への導きもあって、さらにまた、貧しい戦争経験の底からいっさいのイデオロギーへの不信が自身の内部に固着したことによって、もはやマルクス主義者でないことを自覚していた。もっとも私は、学生時代に読み込んだドストエフスキーが、神と悪魔との永遠の対立を描いたことからもすでに深い感銘を受け、そのためプロレタリア文学にはむしろ反発して、文学の本質はあらゆる体制への批判にあると信じていた。

理論的にはいちおうマルクスに拠っていたと思われる中村学部長の、豊かな抱擁力と信頼できる実務的能力とを備えた「豪農」的性格、阿部教授の人間的迫力と安定した常識、井上教授の敬すべきカトリック的人格、それに野村教授の一貫した善意が、若い研究者たちに認識されていたことこそ、当時の研究室の平和と安息とときには熱気とに、大きく貢献していたことは疑えない。そうしてこれらの先輩教授たちにとっては、私もまた、むろん「若い連中」の一人なのであった。熊谷と藤田と私との存在の意義は、むしろ、資料室の空気の流通を自然に良くするという点にあったのであろう。

　私は若い諸君に対してはけっしてイデオロギーを口にしなかったが、大石君たちが『反デューリング』（エンゲルス）の内輪の研究会をしているとき、「デューリング自体を読まないで『反デューリング』を勉強するの？」といったりはした。熊谷はもっとまじめで、森嶋君が経済学部に立ち寄って小さい講演をしたとき、この大石君が興味を示さずに顔を見せなかったのに対して、「ともかく一流のものを尊敬するという態度は必要だと思うよ」と、私に不満を漏らしたのであった。こういうことを回顧していると、M・ヴェーバーの理解にそのころすでに努めていた、寡黙な松井秀親君の哲学者的雰囲気が、資料室で持った大きい意義にも気付かされるのである。

　宮島宏志郎君は一橋では増田四郎さんのゼミナールに属していたが、実業界を経て福島に戻ってからは、金融論や水産業史を地方の実情に即して解明し、『東邦銀行小史』を書いたほか、『福島県史』の諸巻にも参加している[3]。同君はシンのしっかりした常識人で、私も頼りにすることが多かった。碁はとくに布石に明るく、また途中で余計な欲を出さないので、なかなか勝ちにくい相手だった。同君はまたこけしについての目も高く、現在は前記の西田記念館の運営にも力を藉《か》しているようである。また同君の夫人玲子さんは経済学部第一回の卒業生で、二人で平和な家庭を長く保っている。私と家内とは、そのご福島に行くたびに佐藤博君夫妻と宮島君夫妻とのお世話になり、おかげで大きな顔をしていられるのだが、そういえばこの両夫妻とも、私と家内とが媒酌をしたのであった。ただし、宮島君のばあいには形式的な役柄だったが、佐藤君のばあいには、同君自身から文字通りの「矢の催促」を受けて、夫人紀恵さんの実家に私がまず脚を運んだのである。

そういえば大谷龍造君の夫人洋さんも玲子さんと同期で、官界に長く職を持っていた。渡辺陽一君は、話し好きである一面、シャイで目立たずに研究を積んだ篤学者で、長いあいだかかって立派な著作『貸借対照表論』(4)を比較的近年に刊行した。碁の腕前は宮島君と同じようなもので、碁風も似ている。同君と宮島・齋藤両君との三人の生涯にわたっての親密さは羨ましいまでであって、しかも三人とも人柄が並外れて善かったから、それもまた資料室の平和に貢献したというべきであろう。

紹介の終りになったが、高橋昭三君は経営財務論が専門で、中村さんの指導を受けて昭和二十二年に経専を出、東大から住友信託を経て福島にきたのが二十九年のことである。同君はこのとき、東大で相識って結ばれた若妻の久子さんと一緒だったが、この久子夫人が、のちに官界から出て女性として最初の最高裁判事となった人である。高橋君はやがて立教大学に移り、家庭内で終始夫人を支え、エディンバラ公などと呼ばれるようになった。主夫としての同君の資格を示す一つのしるしとして、手作りの高級な和食を同君から供された人々は、私を含めて少なくない。

高橋君の若いころの著作『経営財務論』は、私の学問とは領域が隔たりすぎているため十分に理解のできないのが残念だが、専門の学界では評価の高かった本である。立教大学に私が移ってしばらくして、その経済学部で経営学科を充実しようとしたとき、学部内で私のもっとも親しかった金融論専門の故三宅義夫君が、ためらわずに推したのが高橋君であった。正直のところ、この人事で私は高橋君とあらかじめなんの接触もなかったから、「福島の高橋君？」と訊《き》き返したものである。こうして同君は、ふたたび私の同僚になった。その後の同君の労作には『現代経営財務』(5)がある。同君は家庭と「仕事」とを両立させることのできた稀な人々の一人である。

なお高橋君は、中村さんが亡くなってから、その鵠沼のお宅に住みつづけられる夫人のもとに、しばしば私ども夫婦を誘って連れて行って下さる。

(1) 吉岡昭彦『イギリス地主制の研究』未来社、昭和四二年。同編『イギリス資本主義の確立』御茶の水書房、昭和四三年。
(2) 齋藤謹造『比較経済発展論』東洋経済新報社、昭和五八年。『教養としての経済学』日本評論社、昭和六一年。
(3) 宮島宏志郎『東邦銀行小史』日本経済評論社、昭和五四年。
(4) 渡辺陽一『貸借対照表論』森山書店、昭和五九年。
(5) 高橋昭三『経営財務論』森山書店、昭和四六年。同『現代経営財務』税務経理協会、昭和五五年。

4

ここに挙げた諸君が、揃ってそれぞれに平和な家庭を築き、いまでは皆さんがようやく老夫婦と呼びうる域に達したことは、そのごの海後学長問題などで苦難を経験しながらも失われなかった、福島の平和のしるしとも思われることである。私はまえにペンを外《そ》らして書いた一、二例のほかに、星埜君と吉岡君の妹さんとの結婚の媒酌をも務めたが、教師としての立場から当然に、生徒・学生諸君のための仲人をも果たした。ここではそういう方面の経緯について語ることは省くが、当時の地方生活の一端を知ってもらうために、つぎのケースだけを紹介しておきたい。

この例ではさすがに実名を憚りたいから、仮りにI君としておく。同君は前記の島崎千秋君と高商の同期の卒業生だが、私よりひと足早く中国から帰還してきた。そうして疲れた両親を助けて家業に精を出し、なにしろあの敗戦直後に生鮮食品を扱うのがその家業だったから、家計が急に楽になった。そのころ私たち夫婦が頼まれてこのI君のための媒酌人を引き受け、在《ざい》の家らしく重厚な挙式が挙げられて、やがて子供も生まれたが、I君はそのうち山の温泉の或る「芸者」と好い仲になり、それがやがて奥さんの側からの離婚訴訟を引きおこすまでになった。私は夫I君の側（？）にされて法廷に出たのだが、相手側の弁護士の告発の言葉はなかなか大げさで、しかも古風で、「Ｉはやがて土湯温泉の芸者桃太郎の色香に迷い、妻を顧みず……」といったような表現の告発がながながとつづいた。法廷に出席した一同は辛抱してその「演説」を聴いていたが、それもやっと終って、判事がＩ君に「いいたいことを述べて下さい」と丁寧に促したあと、以下のようなごく短い問答があった。

「別にありません。ただ、弁護士さんのいったことには一つだけ大きい間違いがあります。」

「ほう、それはどの点についてですか。」

「いま弁護士さんは桃太郎、桃太郎といっていたけれど、あれは梅太郎なんでさあ。」

これには法廷が失笑に包まれたが、結局判決は離婚を認めた。しかし幸いに、この問題は奥さんの方から復縁を申し出て、Ｉ君の家庭には平和が戻り――この復縁の実現のためには、旧夫妻のあいだを往復して私はひと汗かいたが――、Ｉ君の早逝のあと、同君の息子さん夫妻とわれわれ夫婦とのあいだの付き合いはいまもつづいている。なお、この問題での「芸者」梅太郎君は、Ｉ君との問題の跡始末のことで、一度私の官舎を訪ねてきたことがあった。私がそのときこの女性と、事務的な話をつづけながら福島駅のあたりまで同行したのを、あとで事情通の学生＝生徒諸君のあいだに、「小林さんが梅太郎と歩いていたぞ」と噂を立てられたものである。

私の官舎にはたえず訪客があった。熊谷夫人の潔子《きよ》さんは、潮時《しおどき》を見計らって丼を手に、

「おバアチャン漬物をちょうだい」といって現れたし、前記したことだが、若い富塚夫人は夫君の出張の夜には布団を担いで泊まりに来たし、渡部福太郎君は私の留守にもやって来て、気晴らしのために母や妻と話をしていった。また渡辺陽一君は月末になると、同君のいわゆる「小林バンク」に、ごく少額の借金の目的で現れたし（私の官舎の台所からは、経済学部の裏門が近くに見えたが、月末になると、きまった時刻に陽一君の姿がそこに現れ、妻や母はすぐその用向きを悟るのであった）、また齋藤君の母堂は、息子が東京のレッキとした企業から福大に戻ったことがたいへんご不満で、熊谷をではなくて私を、息子の誘惑者と見立てて、抗議のために訪ねて来られた。

このばあいのシチュエイションは失礼ながらちょっと滑稽で、実はこの母堂と福島市中の岩瀬書店のおばあさんと、それに私の母とが、そのころ誰いうとなく「福島の三バアサン」と称されていたのであって、当の母堂と私の母との対決がこのときあったらと想像されるのである。しかし母はこのとき不在だったようである。もし在宅していたら、三人の幼い孫と穏やかな嫁と、それに働き甲斐のあるらしい息子と日夜を過して、母は福島に来たときのように、齋藤君の転身に反対して母堂の肩を持ったろうか。あるいはいまはその逆だったろうか。それはともかく、二人のつよい母たちは「三バアサン」の呼称などは知らなかったであろう。——齋藤君の母堂はシッカリとした威厳があって、ふだんはその米穀店の店先に端座しておられ、若い研究者たちはその店先を避けて通ったということである。

私の母はまだまだ元気で、気迫もあった。私は福島時代の終りごろに前記の長いタッカー論を仕上げ、これを福島生活と新たな東京生活とのあわいの昭和三十年三月に『重商主義解体期の研究』と題する自著（その主要論文）として出版することになるのだが、その打ち合わせのために、当時新興出版社であった未来社の社主西谷能雄君が東京から私の官舎を訪れ、一泊して帰ったことがある。西谷君は私よりやや年長で、やがて生涯の友人となるのだが、一夜が明けて彼が額に陽を受けながらも熟睡していると、私の母は片手にハタキを持ちながらいきなり彼の布団を剝《は》がして、「好い若い者がいつまで寝てるんです」と叱ったのである。

母の早起きはすっかり身についたもので、妻もこれには苦労したが、生来の熟睡能力を高めてなんとか対応していた。私もおかげで好い若い者としては朝が早く、雑多な校務にあまり妨げられずに勉強がつづけられたのはそのおかげもあったと思う。夏などには、起き抜けに官舎から研究室に行って一勉強《ひと》していると、やがて二階のその窓の下に、小学校に通いはじめたばかりの長女が来て私を呼ぶ。窓から顔を出すと、「お父さん、ご飯《はん》ができました」という習慣になっていた。

いま振り返ってみればふしぎだが、なぜ私と月給の額もあまり変わらなかった独身の渡辺陽一君（たち？）に、六人家族の私の家計から、少額ながら月末にお金を用立てることができたのだろう。私は敗戦で父の残してくれたいっさいの動産を失っており、その後はまったく勤労収入で暮らしていたうえ、勉強のための本や新刊の文学書などもすこしは買っていたから、家計の切り盛りについての母の能力――努力というほどでもない――と、それに対する妻の全面的協力とが、或る程度の効果をあげていたのだろう。もっとも、いまの晩年になってから妻の漏らす回想では、或る日、やって来た魚屋に向って、母が、「これは昇さんに、これとこれとこれとは子供たちに」と指示して引っ込んだあとで、魚屋が妻に、「そうすると奥さんは何を食うんですか」と、けげんそうに訊いたそうである。むろんこれは算術の問題ではなく、母らしい指示の方法であり、じっさいの食卓でのハッキリした差別を、三人のオトナが継続することも、また、ともかくも「家長」とされていた私がそれを許容することもありえなかったが。――この「家長」としての私の雰囲気のようなものは、おそらく「メダカの学校」の「校長」としての私を支えていたのでもあろう。

しかし、四六時中私の母に付き合う妻は、このころは過労におち入ることも多く、ときには急に脳貧血を起こして倒れ、夜の時刻に医師に来てもらったりもした。当時の町医師は、雪道を自転車で往診してくれたものである。そういう医師の一人はわれわれと親しみを深めるようになって、私から家族の発病の電話（これは学校に行って掛けた）が入っても、症状に不安がないと判断すれば、その日の最後の仕事として夜になってから往診に来て、茶菓を楽しみながらゆっくりと話をして帰るのであった。これにはそれ自体に癒しの効果があった。

われわれの一家がどうやら平和に、重い病気も経験せずに暮らせたのは、子供たち、とくに長女と次女とを母が手塩にかけて育てたからでもあろう。体力の乏しい妻は、これにはよほど助かった様子で、自分はいちばん下の男の子の面倒をみることにしだいに専念して、この分業に不満を示さなかった。飯坂へ行く電車の森合の停留所で、母が幼い二人の女児を連れて電車を見せていた姿を、それが私の家族だとは知らずに目にした、経専や経済学部の生徒や学生の諸君も多かったことと思う。

こういう事情だったから私の妻は、夫の学問上の仕事を手伝う余裕などはなかった。また生涯、公けの場での私の話などを聴いたこともない。福島で一度内田義彦が学生諸君に話をしたとき、私は妻に無理に勧めてその教室に出るようにしたのだが、内田はあとで「君の奥さんに最前列で眠り込まれたのには弱ったよ」と語ったのであった。

私の一家が東京に戻り、さらに年がたってから、母は心身ともにすっかり妻に頼るようになって、母が子供、妻が母親という逆転的な新しい関係を経たのち、老衰で安らかに亡くなった。それはまったく苦痛を伴わない死であった。それからさらにまた年がたって、娘たちが結婚してから、前記のようにわれわれは妻の老いた両親と目の不自由な妹との三人に、ごっそりわれわれの家に引き移ってもらった。これは私の立場からすれば、私の母に対する妻の長年の奉仕へのお礼のつもりだったが、妻にしてみれば、生涯の大部分を年寄りたちへのサーヴィスに費やしたという結果になる。ことに、そのごまもなく義母が亡くなったあと、義父は十五年にわたって健康に過して娘の練達した奉仕を受けたのち、九十七歳で世を了えた。私の母も、妻の父・ドイツ文学者関泰祐も、妻の母・国文学者関みさをも、みな病院でではなく、私どもの家で亡くなったのである。

私は昭和五十四年にいちおう完結させた、『小林昇経済学史著作集』（未来社）の第九巻(1)（最終巻）の末尾で、つぎのようにしるした。――「その寛容と寡欲と平安な精神とを以って戦時中からこんにちにいたるまで久しく複合家族の支柱であることに耐え、その間《かん》、収入の道に遠い学問のアルペンに淡々とわたくしを放牧してくれた、妻の水絵への礼言をしるして、この最終巻の最末のパラグラフとする。この得がたい牧者がちかごろ肉体的にも健康であることは、わたくしの深いよろこびである。」

（1）小林の『著作集』は昭和六三－六四年に、二巻を加えて十一巻となって完結した。それ以後の著作もいくつかあるが、右に続巻を加える計画は持っていない。

5

話は福島に戻る。

藤田五郎は亡兄の夫人だった敏子さんと昭和二十四年に結婚して、その年のうちに夫妻の郷里の広島の大学に移って行った。私はそれをもっとあとのことだったと思い込んでいたが、その思い違いは、藤田の影響が福島に長く残っていたからであろう。この転任は、創設期の新制大学が処女作で名を成した藤田のような実力者を求めていたからでもあろうし、藤田もまた、新しい史料の世界の開拓をこころざしたからでもあろう。しかし藤田にも盲点があって、新しい職場が彼に期待した多忙な生活は予想外のことだったはずだし、したがって心身の疲労も格段に深まったことであろう。こうして彼はまた福島に戻ることを希望するようになり、それは私にも伝えられた。この希望を受けて福島大学の経済学部は（いまではそういう例はまずないと思われるが）彼の復帰を容認し、またその復帰に安堵を味わったのであった。

それは昭和二十七年の春のことである。しかし藤田は、誰にも見て取れる困憊《こんぱい》と衰弱とを全身に滲ませて戻ってきた。私の目にも、集中した研究や著作は彼にはもう無理のように思われた。しかし彼の最後の、円熟した著作『封建社会の展開過程』は二十七年十一月の公刊であるから、彼が病をおしてこの本の校訂をつづけたことはたしかである。だがその結果、彼は県立の福島医大病院に入院して、多数の学生諸君や友人知己による莫大な量の輸血にもかかわらず、再び立たなかった。二十七年の十二月のことである。

藤田の入院中の或る早朝、まだ明けきらぬ寒い時刻に、彼がいよいよあぶないという報らせが（誰からだったか）私に届いたことがあった。これは誤報の一種ともいえるものだったであろう。しかし私には戦地での経験もあったので、ともかくも早くとあせりながら病院に駆けつけると、意外にも、小暗さのまだ退かぬ病室の藤田のベッドサイドには誰もいなかった。だが藤田は眠ってはいず、じっと私を凝視して、ひと言《こと》、「どうしてここにきたんか」と、なじるようにいった。私はいまでもそのひと言に、こころざしを抱きながら宿痾《しゅくあ》に勝てなかった、藤田の無念と執念とが感じられてならない。

藤田の病床から福島の山河はまったく見えなかったが、室内はふだんは賑わっていて、東京からも服部之総氏はじめ数人の歴史家が見舞に訪れた。私には、服部さんと二人だけになって町を案内したり、食事をしたり、どうしてだったか碁を打ったりした記憶が残っている。――この人が、旅中の一人の時間にはせっせと幾枚もの葉書を書いていたことも。

その著作集の年譜では、藤田の死因は心臓衰弱となっているが、実際には、根本原因は肺結核、直接原因は胃潰瘍＝胃出血であった。彼の解剖は福島医大でおこなわれ、私もそれに立ち合ったが、闘病の久しかった彼の内臓はそのほとんどが癒着していて、それをべりべりと剝がすのにずいぶん時間がかかった。その胃には血管が一本、外部から内側に突き出ていて、その先端が切り口のようになっていた。執刀医が黙ってそれを内科の主治医に示し、主治医はひと言《こと》、「恐れ入りました」と応じた。執刀医が藤田の白い脳漿を頭蓋から採り出したとき、私は脳貧血をおこした。

『藤田五郎著作集』五巻のそれぞれの解説は、大石嘉一郎・星埜惇・羽鳥卓也・山田舜が担当し、また第一巻の「冒頭のことば」には、この四人のほかに庄司さんと私も名を連ねている。藤田の処女著作『生成』は重刷（初刷と同年ほか二十三年）に当たって、そのまえがきでいわゆる「割地的土地所有」ないし「割地農民」という概念についての初刷での理解を反省しているが、私がヴェトナムから帰還後の第一作「農業生産力上の国家市民――フリードリッヒ・リストの基礎研究――」を前記のように福島経専創立二十五周年記念論文集『農業経済の諸問題』に載せたのは、やや早く昭和二十二年十月のことであった。この事情を回顧すると、藤田と私との学問上の直接的交流は、彼と大石君ほかの若い諸君との交流よりも数年早くからだったということになる。

つぎにもう一度、熊谷尚夫の身の上について書かねばならない。

熊谷は藤田と違って、私が東京に戻った翌年の昭和三十一年に大阪大学に移り、以後、広い意味では故郷ともいうべき関西の地で、研究、教育、学会の指導、経済政策へのブレインとしての参加、等々の広い領域で活動し、文字通り日本の理論経済学界の第一人者となって、人々の敬愛を享受しながら、平成八年に八十一歳で動脈瘤破裂のために急死した。しかし、福島＝仙台両棲時代ともいうべきころの彼の生活は、いわば三重苦を背負った、同僚の誰よりも惨めなものであった。

第一に、彼の肺結核はしだいに昂進し、ときどきは病床で専門上の新文献を読むということもあるようになった。江口校長によるような以前の「圧迫」は、この校長の、また熊谷の仙台への、転任によってなくなったが、それが痼疾《こしつ》を好転させるものでもなかった。

第二に、戦中・戦後の彼の生活は、十分な休養や行きとどいた病院生活を彼に与えることを許さなかった。彼は早くから、三人の子供をふくむ五人家族の経済的責任者だったが、やがてこの五人に、潔子《きよ》夫人の近い縁者で介護を必要とする「おバアチャン」が加わって、六人の一家族が、壁も床も薄い「五軒小屋」（ただしこの一家族のためにだけ三畳の部屋が建て増されていた）で暮らさねばならなかった（前記したことだが、この「おバアチャン」に、隣りの「小屋」の中村嘉吉君の夫人がいろいろ気を配ってあげていたことが思い出される）。だから熊谷は、収入のあてのある原稿の依頼にはすべて応じ、米沢にも講師として出かけて、ときには強硬に手当ての早期の支給を要求したりしなければならなかった。そのうえ――と表現するのはややためらわれるのだが――、学生時代に結ばれた彼の夫人は、まず、なかなかの美人で、それから明るくて、善意で、アケスケで、誰にも好かれたけれども、残念ながら収支の計算にはまるで無頓着であった。お金もなく物が足りなくても、手作りのおいしい寿司をたくさんこしらえて、子供たちの腹をふくらませたうえ、私どもにもおごってくれるというようなことが、たびたびあった（しかし熊谷は、市内のデパートで私の妻と遭ったとき、挽き肉を買っていて、「こういう肉でないとぼくの口にまでは届かないんです」といったそうである）。だから夫人には、月末に貯えの尽きるのはもっぱら熊谷の責任だと信じられたのである。悪いことに、夫人は頭痛持ちで、そういうときにはご亭主へのご機嫌が好くなかった。熊谷が北五老内にいたころの私の家にきて、「家内が帰ってこんのだけれど……」と、不安げに情報を求めたこともある（或るとき彼が、「ぼくの研究室に奥さんに来てもらいたいんだ」と、やや異常な頼みを私にするので、さっそく行かせると、夫人のご機嫌の悪いことを十分に聞かせたうえで、「このごろは手を触れさせてもらえんのです」とかいったらしい)。のちに熊谷が手術を受けるために福島で入院するときまったとき、齋藤謹造君が潔子夫人に、もうすこし家計を引きしめて下さいと〈面《おもて》を冒《おか》して〉苦言を呈したところ、それへの答えは、「謹チャン何をいうとるの。こういうときには弟子というものはお金の心配をしてくれるんやないの?」という一言であった。こういうことがわれわれのあいだで一種の笑話になったのは、裏のない潔子さんの人徳ではあったが。

(後年、熊谷が関西で還暦を迎えたころ、私は潔子夫人と二人だけで神戸の街筋を歩いたことがある。そのとき私は義歯の具合が悪くて、それを外していたのだが、夫人のご機嫌があまり好くない様子なので、率直にそのわけを訊くと、「小林センセイ、久しぶりに二人で歩くのに嵌《い》れ歯を外さなくてもいいやないの」と答えられて、ふうんと考え込んだことがある。熊谷は私より二年歳上《としうえ》、潔子さんは熊谷より一年歳上であった。)

ともあれ第三に、熊谷の病勢が進んで東北大学で休職の措置が採られるようになると、彼の人生の先行きはまったく暗くなった。福島に戻った藤田の病気が重くなっているときに、さらに熊谷を失うというようなことは、私には堪えられなかった。そこで、彼にも福島に復帰してもらおう、それからは何かの方法もあるだろうと、東北大の教授会に接触してみたが、ハッキリした返事はもらえなかった。

そういう或る日、東京への出張からの帰りの列車で、私は当時の東北大の経済学部長だった服部英太郎教授（のちの福大学長）を見つけた。私が何の必要からか列車を縦断して歩いているときに、空《す》いた二等車の席を一人で占めている教授の姿が目にはいったのである。私は教授と向かい合う席に坐り、自己紹介をしてから、東北大での熊谷のゆくゆくの処遇について訊《き》いてみると、教授はさすがに顔を曇らせて、

「もしもう大学に出られないようなら、お罷めになるということは致し方ないでしょう」

といわれる。

「しかし、福島に彼を戻して下さるということについてハッキリしたお返事をいただけないのはどういうわけでしょう。」

「それは、われわれの方で休職になっているのですから、その措置のままで福島にお戻しするということも、教授会での承認がむずかしいのですね。制度上、休職がそれで解かれるというわけではありませんから。」

「そこです。そこをご無理願えないでしょうか。先生方《がた》は熊谷君が東北大の現職で罷めるほうが福島で罷めるよりも何かと有利だとお考えでしょうが、福島で彼を有利に処遇する方法については、私どもに自信があるのですが。」

「それはどういう……」

「いいえ、福島のようなイナカの新設の大学では、人事に抜け道をつくっても、私どもが責

任を負うかぎり問題にはなりません。熊谷君が戻ってきて、介添《かいぞえ》なしに学長室の阿部先生に挨拶に行きさえすれば、登校が可能になったとして、休職はそれで中断されるでしょう。」

こうしてまもなく、熊谷もまた福島に戻って休職を解かれ、やがて彼もまた、福島医大に入院して、藤田にはすでに不可能だった整形手術を受けた。医大の側では、藤田の診断と処置とに一種の誤診が伴ったことから、熊谷にはとくに周到に対処する旨《むね》を、私に直接に語ったほどの用意をしてくれて、こんどの患者は運も良く新技術による手術を無事に耐えることができた。しかし退院後の病人は、壁に隙間《すきま》の多い五軒小屋で六人家族の一人として静養するにはまだまだ衰弱がはげしいので、経済学部の構内にある煉瓦造りの、商品館というもう機能していないがシッカリした建物の二階の一隅に、畳敷きの病室を急造して病床をしつらえ、熊谷の療養に供した。

その後まもなく私は東京に去り、その翌年に熊谷も回復途上の躰を運んで大阪大学に移ることになったが、以後の熊谷の順調な、しかも陽の当たる生活については、再叙の必要はない。この、大阪への赴任の途中、私と妻とは熊谷一家と東京のホテルで会ったが、やや無理を押して旅をしている、その日の熊谷のまだ弱々しい姿は、いまでも眼底にある。

6

前記のサー・ジェイムズ・ステュアートの研究を私が始めたについては、熊谷のおかげを蒙ったところが小さくなかった。ステュアートとジョサイア・タッカーとは、私がリスト研究にかかわってイギリス重商主義の諸古典を時代の順に読み下った、その終りの位置で遭遇した二人の大きいフィギュアであったが、ステュアートとの出遭いのほうがタッカーの発見よりもすこし先行している。私は熊谷からのかねての影響もあって、ケインズ理論の全面的影響下にイギリスで刊行された、インド人センの突然とも思われるステュアート研究に新鮮な驚きを感じ、ステュアートの主著『経済の原理』にじかに接したいという願いを持つようになっていた。しかしこの古典は、スミスの『国富論』に九年先立って刊行され、ドイツ・フランス・アメリカなどではいちおうは読まれながらも、肝心のブリテンでは久しく忘れられていた大体系であって、量的にも『国富論』をうわまわる巨冊だから、メンガー文庫を頼りとするわけにもいかない。そこで東北大学の図書館からの貸出しを熊谷に頼んだが、病身の彼は上下二冊のこの大著を、古典の革表紙で上衣を汚しながら、私の手許まで運んでくれたのであった。

すぐにそれに取り付いてみると、私は、金納地代のみを受け取る地主階級と、自由な農民と、この農民たちの勤労による農産物の剰余の結果として成立する自由な工・商業者との、三者から成る近代社会の措定からはじまる、この古典の雄大な体系的展開に深く魅入《みい》られてしまった。それはマルクスの原始蓄積→資本制蓄積論が伏せていたと思われる、独自の興味を湛えた理論＝歴史的な世界であった。

俗見ではいたずらに難解でまた時代遅れとされていたこの「忘れられた古典」が、私にとって極めておもしろく読めたのは、一つには、独立生産者の歴史的意義に着目するいわゆる大塚史学が、教養として私のなかにあったからであろう。また二つには、この古典が右の独立生産者間の農・工分離→小商品生産の展開→近代的大衆（勤労）社会→大衆の富裕化のプロセスの成立の不可欠の要件として、滞貨を防ぐための流通手段（貨幣）の適切な供給を、したがって当局者の時代適合的な、反権威主義的な統制を、主張しているからであった。私は『原理』のなかに、有効需要（effectual demand）とか消費性的（propensity... to consume）とかいう言葉や概念がすでにケインズ的意味で使われていることにも驚いた。そうしてマルクスだけが、その生涯をつうじて、『原理』を尊重してそれを手放さなかったという事実をも知るようになった。

従来経済学史の陰にのみ置かれていた『原理』は、通常の学問的蓄積に頼るだけではとうてい読み通せなかったし、学界での文献史的研究もこの大古典についてはまだまだ不十分であったし、何よりもそれが背後にしているヨーロッパ諸国の制度上の史実が究めにくかったから、その深林の隅々までをいちおうながら見透すためには、私のその後の長い生涯が必要となったのである。だが、私がそれだけのエネルギーをこの古典――私のいう「最初の経済学体系」――に注いだのは、『国富論』だけを「その後の［近代市民社会にかんする］あらゆる諸学説……の源」とする常識を反省して、イギリスの主導してきた経済学というものを、またその歴史的展開を、ステュアートとスミスとの両源泉からの複線的な流れとして、書き直してみるべきではなかろうかという、空想が私を離れなかったからである。ただし、それが自由か保護（ないし統制）かというような問題領域を超えた批判的意識だったことを、私は一言しておきたい。

　ステュアート研究への私の着手は、すでに昭和二十五年の論説「重商主義の貨幣理論」（『商学論集』一九ノ一）に示されており、それにつづく一連の試論とともに、『重商主義の経済理論』（前掲）として、二十七年に刊行された。私は上記の、経済学史の「複線的な流れ」という構想（?）を、「二頭立ての馬車」の歩みというように表現したことがあり、さすがに熊谷も「馬の脚がもつれないかねえ」とそれを批判したが、この構想は、マルクス理論が全盛期にあったわが国の学史学界からは、いちじるしい異端だと見られたのであった。「小林はケインズにいかれている」というのが、こういう批判を代表する、たしか内田義彦の言葉であった。私はそういう批判に対しては反省を心がけて、「いかれている」点は理論的に再考したが、ステュアートへの興味自体はそれでも減じることがなかった。

その結果私は、自分のステュアート研究がスミス批判を伴っているという点を反芻して、ステュアートの「統制」の思想の穏当な理解のためには、彼と逆の立場にあって、スミスよりも直截に産業革命始動期を見据えつつ、スミスよりも国民主義的に自由貿易論を展開した、イングランドの有力な（しかしこれもあまり重視されていない）経済論策家ジョサイア・タッカーの理論＝思想像を描き出して、この同時代の三つのフィギュアのあいだでのスミスの相対性を示すことが有意義だと判断するようになった。そこで、それまでに一部分を読んでいた、多作家タッカーの諸論説に、当時では可能なかぎり網羅的に目を通して、比較的に短い集中期間ののちに、前記のタッカー研究を昭和二十九年の『商学論集』の四つの号にわたって連載した。それが翌年に『重商主義解体期の研究』の主論文として未来社から刊行された次第についても、すでにしるしたところである。

タッカーについてのこの長い論説は、私が多忙のなかではもっとも集中して書いたもので、その直前の二十九年の一月に、内田の要請に応じて、学界に衝撃を与えた彼の代表作『経済学の生誕』の書評を『経済評論』に発表しているから、水田洋の命名による、しかし両当事者のあいだでは十分には燃焼しなかった、「内田・小林論争」がこうして始まったのであった。このタッカー研究に当たって、メンガー文庫の古版本はもとより必読のものであったが、他方で、当時は入手しにくかったスカイラー編のタッカーの著作選集を堀経夫先生から拝借できたことを、私はいまでも感謝している。

私の経済学史研究は、単に詳細な文献研究でもなく——「丹念な研究」という表現で批判を躱《かわ》されたことが一度ならずあるが——、それぞれの時期の学界のトピックに参加したものでもなく、忘れられている文献を紹介しただけのものでもない。それらとの違いを意識しつつ、欧米の学界の諸研究でもほとんど不問に付されていた古文献を廃坑の底からの光源として掘り出して精査し、それの発するエネルギーが学史の展望をどう変えるかを示そうとしたものであった。リストのばあいの「農地制度論」、タッカーのばあいの、主としてアメリカ植民地論争に加わった晩年の政治学的・経済政策的諸著作、それに何よりも、ステュアートの『原理』といういわば奥地の高山の調査——ことに『原理』の調査は、ステュアートを「最後の重商主義者」という既成の観念から「最初の経済学体系の樹立者」という新しい観念の樹立に私を導いた——などが、そのおもな具体例である。こういう諸研究は当然に一方でのアダム・スミス研究を伴わねばならないから、私はスミス以前・スミス・リストという自分の研究領域を、「デルタ」と囲って表現したことがある。

　そうしてこのデルタでの産物のうち、タッカー研究だけは英文にしていないが、そのほかはそれぞれのエッセンシアルな部分がドイツ語ならびに英語（一部はフランス語）に訳されていて、それらはみななにがしかのメリットを認められているようである。ただ、私は世代的制約もあって英文の作成にはきわめて多くの時間がかかり、また他方でどちらかといえばドイツ語の表現に（いくらかでも）慣れているので、近来のイギリスの学史研究者のあいだにドイツ語を読めない人々の殖えていることに不便を感じている。

福島時代に夢中で開拓した自分の学問の特徴と意義とを、またそれへの当時の学界の積極的評価を、私はそのごになっても十分に認識してはいなかったが、このごろの研究者の世代の一部にまた「内田・小林論争」[1]が省みられたり、私の重商主義研究が正面から検討の対象となったり、逆にリストを無視したドイツ歴史学派研究がおこなわれたりしていることは――EUの思想的源泉の一つとして、矛盾を背負ったリストが在るのに――、私の学問の特質と、私がいわば夢中で福島で開拓していた学問の意義とを、当の本人にいろいろと考えさせる。もっとも私はただ、福島の生活のなかで、そうしてそののちもまた、内面に湧いてくるものの力に促されて研究をつづけたのであった。私は学説史家として、「いまなぜ〈誰々〉を」といった問いかけには動かされなかった。私の「今」は長いスタンスを持ち、文化的関心を底に湛え、精神の胎内で植物的に成長するものを包み込む時間なのである。

しかし、ヴェトナムから帰還後の十年間の、例外的に奮闘的だった私の生活は、しらずしらずに深い疲れを心身に蓄積しつつあった。それに、「校長」としての私は、遠からぬうちに学部長に選ばれる懼《おそ》れを感じたし、それからさきの管理職や、さらに学外へ押し出されることの危惧を持つようなばあいさえもあって、そういう将来の匂い（臭い？）は、研究者として生きつづけねばならぬ私には耐えがたいものであった。私は、青春の果てつつあるという実感と、学問をつづけようとする欲求とのあいだに、有効な折り合いをつけることの必要に迫られていると思うようになった。

そうした初夏の或る日、阿武隈川対岸の渡利《わたり》村の小丘に一人で登って、山々に囲まれた盆地のなかの、戦火を免れた十数年前のままの福島市を眺めているとき、不意に一瞬だけ、締めつけられるような淋しさが胸に溢《あふ》れた。私は石に腰をおろしたまま、「一《ひと》人生が終ったか」とつぶやいたのであった。

そのときまた私は、この静かな市街のまわりの山河も、この福島県内の各地も、ほとんど知らないで過してきたことに気付いた。私がたまに訪れたのは、十キロ以上もの道を歩いて往復した土湯温泉と、隣の山形県の、佐藤衛君一家が営む新五色温泉と、その奥の姥湯温泉ぐらいのものであった。吾妻山腹の高湯も、安達太良山腹の岳《だけ》温泉も、むろん吾妻と安達太良との山頂も、広い会津盆地の町々も、裏磐梯の桧原湖も、阿武隈川の遠い上流や下流の景観も、すべて、私にはそれらを楽しむゆとりがなかったのである。

——その後まもなく、本位田ゼミナールの先輩であった松田智雄さんが福島の官舎を訪ねてきて、立教大学の経済学部で大学院を新設するに当たって私を必要とするとの要請を述べられた。私は結局それに応じることを決心したが、それはもっぱら、目立たぬ場所での静かな研究環境の獲得という期待に導かれたものであった。それは、戦時下に東京海上から福島高商に移ってきたときの事情とどこか似たところもある、二度目の転身であった。

ところがこの決心をした直後に、私は中村さんから鄭重な言葉で「相談」を受けた。それは中村さんが東大の経済学部から、福島を離れて転任してくることを求められているが、「どうしたものでしょう」という相談なのであった。私は自分にできあがっていた決心を教授に告げ、「一時にふたりともいなくなりましては……」という、教授の困惑した言葉を聞いたが、東大のつごうでは中村さんからはじめて人事の早い決定が必要だという事情が察せられたので、すぐ、「それならぼくは立教に一年延ばしてもらって、なんとか後始末をしましょう」と答えた。敬愛する長者の中村さんからはじめて「相談」を受けた以上、私も福島大学経済学部に対する責任をあらためて感じたからである。この事情の逐一を、私は一貫して信頼を受けていた阿部学長にだけ打ち開け、そのときは心からつらい思いを味わった。

中村さんはもともとドイツ経営学を専門とし、高橋昭三君が中心となって編集した『ドイツ経営経済学』(2)の大著があるが、やがてアメリカ経営学をも開拓し、東大を停年後は、高松和男君が学長をつづけていた創価大学に移って、その現職中に、自宅のある藤沢市の病院で癌で亡くなった。七十四歳であった。逝去の前日、私は病床に侍して、ひととき先生の腕を摩《さす》ることを許された。病弱だった中村夫人がこんにちまで藤沢市の鵠沼のお宅に残って健在なのは、中村さんが福島を離任するに当たって、夫人を気候の良い海辺に移しうることをその理由の一つとして考慮されたからだと、私には考えられる。

福島高商に私が赴くときめたときに猛反対をした母が、こんどは福島を離れることを嫌《いや》がったのは、むしろ自然なことであった。この、「三バアサン」の一人は、信夫山麓の経済学部の周辺の人々にも、市中のいろいろな商店にもすっかりなじんで、市中の商店からは、ちょくちょくリヤカーに載せてもらって帰宅したりもしていたし、私の父が秋田の男鹿の出身であったために、中村さんからは秋田ふうに「オッカサン」と呼ばれて大事にされていたのである。妻のほうは、東京の戦災の実況をよく知ってはいたが、それでも実家と幾人もの友達のいる東京に戻りたいというのが本心であった(戻ってからは福島市を、ことに北五老内の、妻にとってはいわば旧戦場をしきりに懐かしんで、そのご私が福島を訪れるときにはほとんどかならず妻も同行し、渡辺源次郎・佐藤博・宮島宏志郎・星埜惇夫妻や、そのほかの私の旧知旧友諸君に会うことを楽しみにしている)。

学生諸君もまた、中村さんにつづいて私も福島を去ることを不満としてくれて、私は満員の大教室に呼び出されて訊問と批判とを受けた。私はこれに対して、多くの若い俊秀がすでに経済学部の教員となっている事実を指摘したうえで、これらの諸君の学問的水準は私が十五年まえに福島にきたときのものに比べるとずっと高いだろう、私はこういう人々にきてもらうように努力をつづけたが、正直のところいまは一人の研究者に戻りたいのだ、と説明した。そうしてそのあと図書館分館の椅子に引き上げてきて、長い吐息というものをついた。

私たち一家が福島駅を離れるとき、見送りの人々のなかに、私(?)に寄付をしてくれた銀行や会社のお歴々がまじっていたことは、たいへん意外でもあり、また感謝と感慨とを催させることであった。これらの明治人たちは、私をどのように見てくれていたのだろうか。それよりも、金銭というものを（おそらくはいまと違って）どのように見ていたのだろうか。——松井秀親君をつうじて知り合った、喫茶店のあるじの女性も、おなじプラットフォームに姿を見せてくれていた。

昭和三十年、敗戦後十年、私は三十八歳であった。新しい職場となった立教大学まで池袋駅から行くのに、まだ、仄暗いトンネル状の闇市《やみいち》の長い通路を抜けるという時代であった。

（1）竹本洋「重商主義の現代的再生」（竹本・大森郁夫編著『重商主義再考』日本経済評論社、平成一四年）、二九三ページ以下。

（2）本書　一三ページを参照。

あとがき

私は昭和十五年から三十年までの十五年間、福島高等商業学校（一時経済専門学校）↓新制福島大学経済学部の教員として、家族とともに福島市に住んだ。そのあいだには足掛け三年にわたる、補充兵としての召集と出征と敗戦↓捕虜との経験が挿み込まれている。

これは今では遠い昔の話である。しかし現在の高齢といってもよい年輩になってから、とくにこの福島生活の時期を顧みることが多くなった。そうして、それはたんに懐旧の思いを温めるというだけのものではないようである。

私は自分を、やや久しく経済学説史（経済史ではない）の専門研究者・著述者として、学界のそれも狭い範囲で認知を受けて来た者だと、不遜を恐れつつも考えているが、微小ながらこういう存在が、その学問をやや自由にまた個性的に、育《はぐく》んでなにほどか成長させはじめたのは、往昔の福島時代においてだったことはたしかである。

第一に、一般的教養の点は措くとして、私は福島時代に専門分野のやや本格的な勉強と研究とを（遅れて）始め、自分の研究能力の独自性というべき点にも気付きはじめた。

第二に、福島での先輩・同僚・後（？）輩、それに生徒・学生諸君が、こんにちでは想像できないほど善意な人間関係を保っていて、周知のあのイデオロギー支配の時代にもそれは崩れず、私の研究の自由な進展のためには、それは自然に学界一般からの風圧を防いでくれたように思われる。

第三に、新制大学の発足期にあっては、そもそも大学の建設自体のために、のちには行政的と表現される分野でのさまざまな活動が必要であったが、帰還兵としての私はこの活動のためにも若い一教授としていささか献身した。それは自分の研究条件をみずから創《つく》り出す必要があったからであり、またそこに先輩教員諸氏の温かい支えがあったからこそである。この時期においてだけ、研究と実務とは私のなかで一体化していたのであった。

第四に、こういう私は召集以前のすべてに未経験な私とはすでに違った人間であり、この点に、私の貧しい兵隊歴と出征歴とが影響したこともおそらくたしかであろう。

こういう諸点に気付くと、福島生活の十五年が、私にとっては、そこに鮮烈な恋愛経験は残念ながら欠けているとはいえ、それに代って戦争体験を加えて自身の生活で表現しえた、一種の教養小説（ビルドゥングスロマーン Bildungsroman――成人となるための青春体験の物語）だったようにも思われてきた。

私がこの本を、敗戦から福島への帰還のあとに、処女作というべき『フリードリッヒ・リストの生産力論』を書いたときとおなじ集中度で――むろんいまではエネルギーが枯れているのでそれよりも時間をかけて――書き上げることとなったのは、ほぼ右の理由によるものである。

　今年は福島高商の創立八十年にあたるので、旧高商↓経専↓現福大経済学部の同窓会の諸君が、大学側とも連繋して、記念の行事を予定されているという。そうして、その行事のいわば一端としても、本書をまとめることが同窓生諸君のごく一部から求められ、福大二十一回卒業の、八朔社の片倉和夫君が公刊を引き受けて下さることとなった。しかし、私の側での執筆意欲の熟成と、同窓会の一部からの執筆の私的要請とは、いわば偶然の一致であって、そのため、本書はむろん福島高商とそれ以後の福大経済学部の八十年をカヴァーする記述ではないし、また対象となった場面も、戦地でのそれはもとより別としても、信夫山の山下《さんか》の森合キャンパスのみにかかわり、そのご現在にまで至る金谷川キャンパスにまではかかわらない。この点はどうか諒とされたい（なお、この本の『山までの街』という題名は、南から信夫山の山麓にまで拡がる福島市の、半世紀もまえの眺望を思い出しつつ定めたものである）。

　それに、本書は一つの自由なスタイルの私的回想であり、とくに平易をこころざして書いたものであって、もともと厳密な歴史的文献であることを意図してはいないから、順序を追っての叙述にしばしば錯倒があるだけでなく、細部の正確さにも残念ながら十分な自信がない。しかしそれらの点では、『福島大学50年史』（50年史刊行会編、平成一一年、八朔社）があり、その巻末には「主要参考文献」も掲げてあるから、こちらの方を基準としていただきたい。

新制大学発足後十数年のあいだに、福大経済学部から学問的新風が吹き起こったことは、そのころ経済学界に身を置いた――正確にいえば身を置きはじめた――研究者の諸氏の記憶にあるはずだといってよいと思う。本書はその事情を、おもに私の体験的成長を中心として描いたものであることは上述の通りであるが、けっして単なる懐旧の書ではなく（いわゆる自分史でもなく）、現代への批判的意識から発して懐旧の意味を探りつつ書かれたものである。もっともいまの研究者諸氏にこれが一種の歴史記述の書としてのみ読まれるとしても、それはそれでまずは十分である。いずれにせよ、本書が学界の（とくに経済学史の学界の）新旧の諸氏にも一読していただけることは、私のひそかな希望である。

本書の成立に当たって感謝を捧げるべき人々は多いが、ここではいわばその代表者として、本年のはじめに三期にわたる福島大学の学長職を全うされた、経済理論家・重農学派研究家の吉原泰助さんに、心からのお礼を申し上げたい。吉原さんは、私が福島を去ったのちの福大に赴任され、その学問的伝統をも継がれた人である。

二〇〇二年七月

小林　昇

［著者略歴］
小 林　昇（こばやし・のぼる）
1916年，京都市に生まれる。39年，東京大学経済学部卒業。55年，経済学博士。福島高商，福島大学教授を経て，1955年から立教大学教授，82年停年後，大東文化大学教授，90年定年退職。立教大学・福島大学名誉教授。
1989年までの著書・論文を『小林昇経済学史著作集』（11巻，未來社，76-89年）に集成。翻訳はFr.リスト『経済学の国民的体系』（岩波書店），同『農地制度論』（岩波文庫），J.ハリス『貨幣・鋳貨論』（東京大学出版会）等。編集書は『経済学史小辞典』（学生社），『経済学史』・同新版〔杉原四郎共編〕（有斐閣）等。『著作集』以後に『東西リスト論争』（みすず書房，1990年），『最初の経済学体系』（名古屋大学出版会，1994年），『経済学史春秋』（未來社，2001年），監訳（竹本洋ほか訳）J.ステュアート『経済の原理』（2巻，名古屋大学出版会，93-98年），A. Skinner・水田洋と共編の校注版 J. Steuart, *An Inquiry into the Principles of Political Œconomy* (1767), 4 vols., 1998, London がある。経済学史以外の領域の著作としては，『私のなかのヴェトナム』（未來社，1968年），『帰還兵の散歩』（同，1984年），歌集3冊，その他。学士院賞，アダム・スミス賞受賞。
1992年以後，日本学士院会員。
現住所　東京都練馬区大泉学園町1-17-19

山までの街
2002年11月24日　第1刷発行

著　者　　小　林　　昇
発行者　　片　倉　和　夫

発行所　株式会社　八《はっ》朔《さく》社《しゃ》
東京都新宿区神楽坂2-19　銀鈴会館内
〒162-0825　振替口座00120-0-111135番
Tel.03(3235)1553　Fax.03(3235)5910

印刷・藤原印刷，製本・みさと製本

ISBN4-86014-009-5

福島大学叢書学術研究書シリーズ

田添京二著
サー・ジェイムズ・ステュアートの経済学
五八〇〇円

小暮厚之著
OPTIMAL CELLS FOR A HISTOGRAM
六〇〇〇円

珠玖拓治著
現代世界経済論序説
二八〇〇円

相澤與一著
社会保障「改革」と現代社会政策論
三〇〇〇円

安富邦雄著
昭和恐慌期救農政策史論
六〇〇〇円

境野健兒／清水修二著
地域社会と学校統廃合
五〇〇〇円

富田　哲著
夫婦別姓の法的変遷――ドイツにおける立法化
四八〇〇円

定価は消費税を含みません